RAPPORT D'ENSEMBLE

SUR LA SITUATION

DU DÉPARTEMENT DE LA CHARENTE,

FAIT A L'OUVERTURE DU CONSEIL GÉNÉRAL,

PAR M. L. GALZAIN,

Préfet.

SESSION DE 1847.

ANGOULÊME,

TYPOGRAPHIE DE LEFRAISE ET Cⁱᵉ,

RUE DU MARCHÉ, 6.

1847.

RAPPORT

AU CONSEIL GÉNÉRAL.

RAPPORT D'ENSEMBLE

SUR LA SITUATION

DU DÉPARTEMENT DE LA CHARENTE,

FAIT A L'OUVERTURE DU CONSEIL GÉNÉRAL,

PAR M. L. GALZAIN,

Préfet.

SESSION DE 1847.

ANGOULÊME,

IMPRIMERIE DE J. LEFRAISE ET Cᵉ,
Rue du Marché, 6.

1847

RAPPORT D'ENSEMBLE

SUR LA SITUATION

DU DÉPARTEMENT DE LA CHARENTE,

Fait à l'ouverture du Conseil Général de 1847,

Par M. L. GALZAIN,

Préfet.

——◦◦◦——

MESSIEURS,

Les espérances que donnaient depuis quelque temps les belles apparences de la récolte, se réalisent de jour en jour; les renseignements qui me parviennent des différentes communes du département, s'accordent en cela avec les bonnes nouvelles que l'on reçoit de tous les autres points du royaume et même des pays étrangers. Nous pouvons donc considérer comme finie cette crise affreuse des subsistances, qui est venue tout à la fois affliger le beau pays de France et l'Europe entière ; mais que le souvenir en reste comme un hommage à la paix du monde et comme un témoignage éclatant de tous les bons sentiments qui se sont produits de toute part pendant cette période douloureuse. C'est l'honneur de notre temps, Messieurs, que cet empressement, cette charité si vive qui nous portent à aller au devant de toutes les souffrances, de toutes les misères de nos semblables.

Sous ce rapport, le département de la Charente a su, comme toujours, conserver son noble rang.

En même temps que des dispositions spéciales y étaient prises pour imprimer aux grands travaux de l'Etat une nouvelle impulsion, les établissements publics, les associations, les particuliers rivalisaient d'efforts et de désintéressement pour procurer du travail aux ouvriers nécessiteux et assurer le pain de chaque jour aux malades indigents. C'est ainsi qu'indépendamment des quêtes, des aumônes ordinaires, des souscriptions privées, du produit de loteries licites, le département a pu, grâce aux secours accordés par le Gouvernement et aux sommes extraordinairement votées par les communes, réaliser un fonds de 190,000 fr. L'intelligent et sage emploi de cette somme, tout en mettant le pauvre à l'abri du besoin, a eu aussi pour effet de doter un grand nombre de localités de travaux utiles, dont l'exécution, sans cela, se ferait encore attendre.

D'autres infortunes appelaient d'autres sacrifices : nos hospices et nos bureaux de bienfaisance ont bientôt vu leurs ressources s'accroître de subventions ministérielles montant à 41,475 fr., circonstance qui leur a permis d'étendre le cercle de leurs libéralités.

En résumé, Messieurs, chacun a fait son devoir dans ces

temps de pénibles épreuves ; aussi les avons-nous traversées, dans ce département, sans trouble et sans agitation. C'est une nouvelle justice à rendre à l'excellent esprit de notre population, car je ne veux rappeler ici le souvenir d'une faute que pour payer un tribut public de reconnaissance aux autorités qui, dans cette occasion, ont, par l'énergie de leur caractère et la promptitude de la répression, fait rentrer dans le devoir quelques hommes égarés.

Si le présent nous offre désormais toute sécurité, l'avenir ne nous donne, comme je le disais en commençant, que des sujets de satisfaction. C'est ce qui résultera de l'exposé que je vais avoir l'honneur de vous soumettre sur la situation des récoltes et l'état florissant des différentes branches du revenu public dans le département. J'aborderai ensuite les objets sur lesquels le conseil est appelé à statuer ou à émettre des vœux.

Mais dès ici, permettez-moi, Messieurs, de me féliciter avec vous d'un évènement qui a eu le rare bonheur d'obtenir l'assentiment de tout le monde en France.

Le mariage de S. A. R. Mgr le duc de Montpensier a été un sujet de joie pour l'auguste monarque auquel le pays est redevable de tant de bienfaits. Associons-nous aujourd'hui à cette joie du père de la patrie, comme, dans d'autres temps, nous avons partagé ses douleurs.

Récoltes.

La moisson, si l'on en excepte celle du maïs, est faite depuis quelque temps sur tous les points du département, et l'on a pu ainsi en apprécier les résultats. Ces résultats, quant à la qualité, sont des plus satisfaisants ; partout le grain est très sec, très lourd et d'un rendement peu commun, eu égard surtout à la paille, qui est généralement courte et en petite quantité. On estime que, dans l'arrondissement d'Angoulême, la récolte de froment produira un cinquième de plus que dans les années ordinaires, et l'on évalue à un quart pour l'arrondissement de Barbezieux, à un tiers pour celui de Confolens, l'excédant des besoins de la population. Il est toutefois à remarquer que ce dernier pays, si favorisé d'un côté et dont les arrière-récoltes promettent encore beaucoup, a cependant un peu souffert sur la partie de son territoire qui touche aux limites de l'arrondissement d'Angoulême et du département de la Haute-Vienne.

Dans l'arrondissement de Ruffec, la récolte suffira largement aux besoins; dans celui de Cognac, elle est évaluée à un cinquième en sus de l'année précédente; c'est là une bonne année ordinaire pour cette contrée, qui, dans aucune condition, ne peut d'ailleurs suffire, vous le savez, Messieurs, à l'alimentation de ses habitants. Ceux-ci en sont, du reste, richement dédommagés par les produits de leurs beaux et nombreux vignobles.

Maïs.

Le maïs, cet auxiliaire puissant du froment pour quelques-unes de nos contrées, a eu malheureusement à souffrir des effets d'une sécheresse tout-à-fait exceptionnelle; toutefois, quelques pluies bienfaisantes, quoique tardives, laissent encore de l'espoir pour cette plante dans les terres qui ont pu supporter les vives chaleurs de cet été; mais il ne faut cependant pas se le dissimuler, cette récolte subira un déficit notable, que l'on évalue, d'un côté, à la moitié, de l'autre, à un tiers d'une année ordinaire.

Pommes de Terre.

Les pluies dont on vient de parler, ont produit l'effet le plus salutaire sur la végétation des pommes de terre, lesquelles souffraient également beaucoup de la sécheresse.

Dans les arrondissements d'Angoulême, de Barbezieux et de Cognac, on s'attend à la récolte d'une année ordinaire.

L'arrondissement de Confolens donnera un tiers environ de produit de plus que dans une année commune, en raison de la grande étendue de terrain cultivée en pommes de terre.

Dans l'arrondissement de Ruffec, au contraire, on n'évalue le rendement de ce tubercule qu'à trois quarts d'une année commune, attendu qu'il y a été semé en moins grande quantité que précédemment, et cela par la crainte de la maladie.

Vignes.

Il n'y a, sur l'état des vignobles, qu'une seule et même opinion : partout ils offrent le plus magnifique aspect ; tout présage donc et qualité et quantité, dans les produits de cette branche si importante de notre industrie agricole.

Il est pénible d'avoir, à côté de tant d'espérances, à enregistrer les pertes cruelles que quelques contrées ont eu à supporter par suite des derniers orages.

Fourrages.

Les prairies artificielles n'ont donné que de faibles produits ; parmi les prairies naturelles, une distinction très marquée s'est présentée entre la récolte des foins de prés hauts et de prés bas.

Les premiers, desséchés par un soleil ardent à l'époque la plus décisive, n'ont offert qu'une herbe rare et claire ; on peut évaluer à un tiers, comparativement à l'année dernière, la diminution relative de produit, et la sécheresse qui se prolonge laisse peu d'espoir de regain.

Les prés bas, au contraire, auxquels les fortes chaleurs des derniers jours de juin sont toujours profitables, ont donné des produits qui, bien que supérieurs à ceux de 1846, ne rétabliront cependant pas l'équilibre d'une année moyenne.

En exprimant ici mon opinion sur l'ensemble des récoltes du département, je n'ai pas oublié que M. le Ministre de l'agriculture a désiré que vous fussiez consultés sur diverses questions relatives à cet objet important.

Si les documents que chacun de vous a pu recueillir pour son canton, viennent corroborer mes aperçus, je m'en féliciterai, car ce sera pour moi la preuve que mes renseignements émanent de bonne source; si au contraire ils les modifient, je ne m'en estimerai pas moins heureux, attendu qu'en pareille matière les informations n'ont de valeur ou d'utilité qu'en raison de leur degré d'exactitude.

Culte.

Chaque année je me fais un devoir d'appeler votre bienveillante attention sur l'état déplorable de dégradation et de délabrement dans lequel les communes ont laissé tomber leurs édifices du culte; elles ne sont peut-être pas sans avoir quelques reproches à s'adresser à cette occasion : si, chaque fois qu'une réparation devient nécessaire, on s'empressait de l'effectuer, on éviterait par là et des dépérissements et des dépenses plus considérables. D'un autre côté, il faut bien le reconnaitre aussi, nos communes rurales sont tellement dénuées de ressources, que pour faire face à leurs dépenses les plus obligatoires, elles sont forcées de s'imposer des centimes additionnels et extraordinaires, circonstance qui paralyse souvent leur bonne volonté.

Frappés de cet état des choses, vous voulûtes bien, il y a quelques années, ajouter, sur ma demande, 1,000 fr. aux 1,000 fr. précédemment portés à votre budget pour construction ou réparations d'églises et de presbytères; mais que pouvait produire cette faible subvention en présence des nombreux besoins qui se faisaient sentir? Un grand bien, sans doute, comme encouragement et témoignage de sympathie, mais peu d'effet, on doit en convenir, sous le rapport matériel. Il fallait avoir recours à d'autres moyens; il fallait intéresser l'Etat à notre cause: vous savez comment ce but a été atteint.

Le département a été attentivement exploré par des hommes de cœur et de talent, et nous avons pu un jour étaler à tous les yeux les richesses monumentales répandues sur notre sol.

Grâce à l'intérêt qui s'attache aujourd'hui au culte des souvenirs, notre Charente, qui, pour les dix années antérieures à 1845, n'avait reçu en moyenne que 6,360 fr. pour réparations à ses monuments religieux, a obtenu, tant du ministère des cultes que du ministère de l'intérieur, en diverses annuités, savoir: en 1846, 37,063 fr., et en 1847, 74,424 fr.; mais je dois le dire, Messieurs, et c'est chose que vous comprendrez facilement, le gouvernement met une condition à ses largesses: quand un devis a été arrêté et que M. le ministre a fait tous les sacrifices que lui permettent les fonds dont il dispose, il entend qu'il soit pourvu au surplus de la dépense à l'aide des ressources des communes et des départements.

Vous ne serez donc pas étonnés de me voir porter à 3,000 francs le montant des subventions annuellement votées par vous pour ces sortes de travaux. Vous trouveriez d'ailleurs, au besoin, la justification de cette faible augmentation dans un rapport spécial déposé sur votre bureau et concernant la restauration dont l'un de nos édifices est en ce moment l'objet.

Société d'Agriculture, Arts et Commerce du département de la Charente.

Je ne mentionnerai désormais cette Société dans cette partie de mon rapport, que pour mémoire, les services qu'elle rend journellement au département vous étant bien connus.

Au budget, vous trouverez, au chapitre des encouragements,

600 fr. modestement portés en sa faveur; vous vous empresserez de les allouer, je n'en doute pas.

Comices agricoles.

L'an dernier, vous avez réduit à 3,500 fr. l'allocation portée à votre budget pour les comices agricoles ; j'ai dû me borner à établir le même chiffre au budget de cet exercice.

Ecole d'Agriculture du Petit-Rochefort.

Cet établissement ayant été l'objet de critiques assez vives, c'est un devoir pour moi de vous en entretenir cette fois un peu moins sommairement que les années précédentes, et de vous mettre, par la connaissance des détails dans lesquels je vais entrer, en mesure de reconnaître si les sacrifices que le département s'impose dans cette circonstance, sont en rapport avec les avantages qu'il en retire. Je crois, Messieurs, qu'après m'avoir entendu, nulle indécision ne restera dans vos esprits.

L'Ecole du Petit-Rochefort poursuit, comme vous le savez, la cinquième année de son existence ; elle continue à se maintenir au grand complet de 20 élèves, et plusieurs candidats qui n'ont pu y trouver place, ont dû être ajournés à l'année prochaine ; c'est déjà là, Messieurs, un signe non équivoque que l'institution est justement appréciée dans le pays.

Les examens de sortie se font régulièrement et témoignent de la bonté de l'enseignement et de l'instruction des élèves ; le directeur ne néglige rien pour rendre cette instruction aussi complète que possible, sans perdre de vue que sa mission est de former des laboureurs essentiellement pratiques. Cinq élèves ont été diplômés à la fin de décembre dernier : quatre de 2e classe, et un de 3e ; ils appartiennent aux cantons d'Hiersac, de Chabanais, de Brossac et de Segonzac. Comme vous le voyez, on semblerait les avoir choisis pour donner satisfaction à chacun de nos arrondissements.

Le personnel est plus nombreux et plus rétribué, le matériel plus considérable que dans la plupart des établissements analogues au nôtre ; on pourrait en dire autant des diverses branches de l'industrie agricole et des espèces de bétail.

Les bâtiments et les abords de la ferme ont subi récemment de notables améliorations.

On y voit toujours les types les plus remarquables des meilleures races d'animaux domestiques.

La vacherie a produit les deux taureaux de race Schwitz qui ont remporté cette année les deux premiers prix du Congrès de l'Ouest.

La porcherie a obtenu aussi le premier prix ; elle ne peut suffire aux nombreuses demandes qui sont adressées au directeur, du département de la Charente comme des départements voisins ; elle est composée d'animaux de la race pure du Hampshire, dont la supériorité est désormais reconnue.

La bergerie possède toujours des béliers de la race de Naz, remarquables par la superfinesse de leur toison ; ils proviennent des beaux troupeaux de M. de Montleau, des Andreaux. Les progrès du métissage sont étonnants relativement à la finesse de la laine. Les toisons qui ont été envoyées l'an dernier à Sédan, ont été trouvées fines et de bon cru. Cette année, un envoi va être adressé à la maison de Paris qui reçoit les riches dépouilles des troupeaux de l'association de Naz, et à laquelle M. de Montleau, ce cultivateur distingué qui obtint un si grand succès au Congrès de l'Ouest pour son rapport sur la race ovine, doit en même temps envoyer les laines de sa magnifique bergerie.

La fabrique d'instruments aratoires, qui avait obtenu l'an dernier, à Poitiers, au Congrès de l'Ouest, un grand nombre de prix, en a remporté aussi plusieurs cette année au Congrès tenu à Angoulême, non compris les médailles d'argent de l'association.

Cette fabrique, ainsi que les animaux, attirent journellement à la ferme un grand nombre de cultivateurs, qui exa-
minent en même temps les méthodes de culture et prennent
tous les renseignements nécessaires pour les pratiquer chez
eux. Le directeur a reçu des commandes de la Charente-Infé-
rieure, des Deux-Sèvres et de la Vienne.

A la fin de juillet, il a envoyé, sur la demande de l'un des
membres les plus actifs, les plus distingués du Congrès de
l'Ouest, un homme, avec des faulx à blé, montrer le fau-
chage des céréales près Poitiers, pays qui, vous ne l'ignorez
pas, approvisionne annuellement nos marchés de ses belles
récoltes. — Le directeur a pensé, et avec raison, que c'était
un honneur pour l'école que de contribuer ainsi à introduire
dans une contrée aussi riche en céréales, un instrument encore inconnu et destiné à y rendre de grands services. Il vient
aussi d'expédier tout nouvellement de ces faulx à blé sur divers points de la Charente; c'est un progrès qui lui est dû,
et je suis heureux de pouvoir le constater ici.

Enfin, M. le directeur a continué le cours professé simul-
tanément dans le même amphithéâtre pour MM. les sémina-
ristes et les élèves de l'École normale primaire de la Charente, cours destiné à exercer plus tard une si heureuse
influence sur la population de nos campagnes.

La tâche que je me suis imposée en entrant dans ces déve-
loppements, serait imparfaite si je me refusais la satisfaction
de vous faire connaître comment est jugée et appréciée par
les hommes les plus compétents, par des étrangers, une institution qui n'aurait jamais dû obtenir, dans le département,
que des témoignages d'encouragement.

Voici donc, Messieurs, ce qu'on lit à la page 133 du
compte-rendu du quatrième Congrès de l'Ouest, tenu à Angoulême cette année :

« Le département de la Charente, plus heureux que ses

« voisins, rencontra un jour un homme instruit, généreux et
« dévoué, qui mit à sa disposition son temps, sa science et
« une propriété qu'il possédait à trois kilomètres d'Angou-
« lême. Là fut fondée, il y a quatre ans, sur de nouvelles
« bases, la ferme-école du Petit-Rochefort, que subven-
« tionne le Conseil général.

« Le Congrès tenu à Angoulême, ne pouvait se séparer
« sans aller voir cet établissement, devant lui offrir la mise
« en pratique d'une partie des théories qu'il venait de dis-
« cuter ; aussi M. le président, avant de clore la session, pro-
« posa-t-il, pour le 17 au matin, une visite au Petit-Rochefort.

« Les membres du comité de direction et plusieurs de
« leurs collègues de l'association, se trouvèrent au rendez-
« vous.

« On examina la ferme-école dans tous ses détails, et c'est
« avec un plaisir mêlé d'envie que les visiteurs étrangers au
« département de la Charente applaudirent aux succès obte-
« nus par le directeur du seul établissement en ce genre qui
« existe dans la circonscription de l'association.

« En effet, cette école a fait de grands pas en peu de temps.

« Vingt élèves envoyés par les cinq arrondissements, y
« reçoivent annuellement une instruction solide et variée.

« Quatre bâtiments y ont été élevés à neuf dans de bonnes
« conditions ; on y a construit un dortoir, un amphithéâtre,
« une vacherie et une bergerie.

« De vastes jardins ont été défoncés et plantés, de vieilles
« clôtures ont été détruites et rétablies ; des chemins ont été
« ouverts ou réparés, des défrichements et épierrements ont
« été opérés.

« Les meilleurs races étrangères bovines (Schwitz) et por-
« cines (Hampshire) ont été importées avec avantage.

« Des cultures variées ont été mises en usage sur un sol
« également varié, susceptible d'amélioration et très propre

« dès lors à sa destination , puisqu'il offre à faire et à appren -
« dre.

« De bons labourages , de riches prairies artificielles , des
« plantes sarclées en quantité et merveilleusement conservées,
« une fabrique d'où sortent des instruments choisis et parfai-
« tement conditionnés , ont fixé l'attention des visiteurs qui
« se sont plu à donner à M. Rivaud des éloges justement mé-
« rités ; car faire plus et mieux en aussi peu de temps et avec
« une faible subvention, serait chose impossible. Il faut avoir
« bâti et être cultivateur pour s'en convaincre.

« Que la Charente jouisse des sacrifices qu'elle a faits et
« qu'elle continuera sans doute. Puissent tous les départe-
« ments de l'association suivre un jour son exemple, et ren-
« contrer un homme aussi désintéressé que M. Rivaud, aussi
« dévoué à l'art agricole et aux intérêts de son pays ! »

Cette note, Messieurs, est signée du président, du vice-
président et du trésorier du congrès , tous les trois étrangers
au département de la Charente.

Déjà, dans son discours d'ouverture, l'habile et éloquent
président du conseil de direction de l'association de l'ouest,
avait dit, page 15 du compte-rendu de cette session :

« Une école que l'association connait depuis longtemps par
« les brillants rapports dont elle a été l'objet et par les triom-
« phes de son directeur au concours de Poitiers, forme des
« agriculteurs habiles, et pour se servir de l'expression de
« l'un des éloquents secrétaires de notre réunion, elle initie au
« secret des pratiques rurales les hommes destinés au minis-
« tère ecclésiastique et les instituteurs de la jeunesse. L'auto-
« rité favorise de tous ses efforts cette heureuse impulsion, et
« la religion elle-même a proclamé avec toute la magnificence
« du langage de la Bible , par l'organe du vénérable chef de
« ce diocèse, que l'agriculture est d'essence divine. »

N'avais-je pas raison de dire, Messieurs, en commençant

ce chapitre, que la cause de l'école du Petit-Rochefort était désormais irrévocablement jugée ?

Association agricole du Centre de l'Ouest.

Vous avez bien voulu, dans votre dernière session, allouer une somme de 1,000 fr. pour contribuer à la tenue de la session de cette association dans le département ; grâce à cette subvention, il a pu être pourvu convenablement aux apprêts que nécessitent toutes les solennités ; celle dont il s'agit n'a pas été sans éclat ; elle laissera des traces durables dans le pays.

La plupart des questions qui se rattachent au grand intérêt de l'agriculture, ont été discutées avec talent et sagesse dans cinq séances consécutives, dont la dernière s'est prolongée fort avant dans la nuit.

A la suite de concours,

Des primes élevées ont été accordées pour les améliorations introduites par les propriétaires de la Charente sur leur domaine ou leur vignoble.

De nombreuses récompenses ont également été décernées pour les bestiaux et pour les machines et instruments aratoires perfectionnés.

Vous ne voudrez pas, Messieurs, vous séparer sans donner une nouvelle preuve de sympathie à l'association agricole de l'Ouest, et vous voterez les 200 fr. que je me suis permis de porter à votre budget, au chapitre des encouragements. Vous hésiterez d'autant moins à accueillir cette proposition, que j'aurai l'honneur de vous faire remarquer qu'en outre de l'argent que versent toujours sur les lieux les étrangers que ces fêtes y amènent, et des fonds du trésor qu'on y distribue, les lauréats ont en général abandonné à nos établissements de bienfaisance la totalité ou partie des prix par eux remportés. Or, ces dernières

2

sommes réunies se sont élevées à elles seules au taux de la subvention que le conseil avait accordée. — Ainsi s'est trouvé réalisé le vœu que formait un de vos honorables collègues en demandant que cette subvention fût, en raison de la dureté des temps, appliquée à quelques œuvres charitables.

Race chevaline.

Le nombre des chevaux présentés aux concours qui ont eu lieu dans le courant de septembre dernier, n'était pas moindre de 259. Ce chiffre témoigne hautement des effets produits par les encouragements accordés aux éleveurs; il n'était l'année précédente que de 116.

La monte de cette année a été faite dans le département par 23 étalons, c'est-à-dire par deux étalons de plus qu'en 1846.

Devant ces résultats, vous n'hésiterez pas, sans doute, Messieurs, à conserver à votre budget le montant de l'allocation votée dans vos précédentes sessions.

Foires et Marchés.

Les communes de St-Genis-d'Hiersac, de Bassac et de Sigogne ont demandé l'établissement de foires; les communes de Tusson et de Cellefrouin réclament le changement des jours où se tiennent celles qu'elles possèdent; enfin la commune de Montembœuf sollicite la création de deux marchés par mois.

Ces différentes affaires ont été instruites dans les formes voulues en pareil cas.

Elles vous sont aujourd'hui soumises pour avoir votre avis.

Enregistrement.

Si les recettes de l'enregistrement et du timbre constatent

une bien faible diminution de 1,439 fr. sur l'année 1846 comparée à l'année précédente, les six premiers mois de cette année offrent déjà une ample compensation au déficit de l'année précédente, puisqu'ils ont, comparativement aux six premiers mois de 1846, produit une augmentation de 53,032 fr. 62 c.

Il est à remarquer que l'arrondissement de Barbezieux subit à lui seul, dans ses produits de l'année 1846, une diminution de 73,935 fr. Pour que cet exercice n'ait présenté, en fin de compte, qu'une diminution de 1,439 fr. pour tout le département, il a fallu encore un assez grand mouvement d'affaires dans les autres arrondissements.

Contributions directes.

La situation des recouvrements sur les contributions directes offre, pour 1846, une diminution dans les frais de poursuites de 17 centimes par mille, et pour les six premiers mois de cette année, une diminution plus forte encore ; elle est de 60 centimes, tandis qu'au 31 décembre 1846, il y avait, au contraire, une augmentation dans les rentrées, et qu'au 30 juin de cette année, il y avait une nouvelle augmentation de recouvrement sur les six premiers mois de l'exercice précédent.

Impôts indirects.

Sans entrer ici dans les détails, je signalerai au conseil, dans les produits des contributions indirectes, une augmentation de plus de 174,000 fr., pour 1846, et une nouvelle augmentation de 81,032 fr. pour les six premiers mois de cette année, comparés aux mois correspondants de l'exercice précédent.

Caisse d'Epargnes.

Il résulte du rapport fait cette année sur la situation de la caisse d'épargnes d'Angoulême, par l'un de ses honorables directeurs, que cette institution continue à prospérer dans nos murs; la caisse a reçu, en 1846, 121,000 fr.; c'est 21,000 fr. de plus que dans chacune des douze années précédentes, et les six premiers mois de cet exercice offrent des résultats plus satisfaisants encore. Le rapport qui les constate m'a paru offrir, tant en raison des aperçus qu'il renferme que de l'année à laquelle ils s'appliquent, un intérêt si puissant, que j'ai cru devoir le reproduire en entier. Vous en pourrez donc prendre plus tard connaissance.

Commerce et Industrie.

L'industrie et le commerce de notre département suivent leur marche progressive malgré quelques petites faillites, résultats inévitables de transactions multipliées et de la crise financière qui a pesé sur le pays.

Eaux-de-Vie.

La diminution des droits en Angleterre, qui n'a pas été moindre de 215 fr. par hectolitre, a porté tous ses fruits. La consommation, à partir du droit nouveau, s'est accrue dans la proportion de quarante mille hectolitres par année.

Voici d'ailleurs le tableau de notre commerce d'eau-de-vie pendant l'année 1846 et les six premiers mois de 1847 :

En 1846, il a été expédié, par le port de Charente :

En Angleterre,

40,170 futailles et 11,411 caisses d'eau-de-vie de Cognac,

contenant ensemble 99,846 hectolitres, d'une valeur totale de treize millions de francs.

En Amérique Septentrionale, dans le sud et dans le nord de l'Europe :

A peu près 18,000 hectolitres valant deux millions de francs.

L'intérieur de la France a aussi pris sa large part dans le débouché de nos produits.

Il a été expédié :

Par Charente, 15,214 futailles contenant.... 39,487 hect.
Par terre, environ................................ 7,000
                                          _____
                          Ensemble............ 46,487

hectolitres, valant au moins cinq millions de francs.

Le chiffre total du commerce de nos eaux-de-vie de Cognac s'est donc élevé, pour 1846, à 164,333 hectolitres d'eau-de-vie à 60 degrés environ, formant 98,600 hectolitres d'alcool, et valant vingt millions de francs.

Six premiers mois de 1847,

Expéditions :

En Angleterre, 34,717 futailles et 10,558 caisses d'eau-de-vie, d'une contenance totale de 85,680 hectolitres, valeur onze millions de francs.

En Amérique du Nord et autres contrées de l'étranger, environ 11,000 hectolitres, valeur un million trois cent mille francs.

En France, par Charente, 10,579 futailles, ou en hectolitres.. 28,177 hect.
Par terre, environ............................ 3,200
                                          _____
                          Ensemble............ 31,377

hectolitres, valant trois millions huit cent mille francs.

Ce qui donne pour l'ensemble, 128,000 hectolitres, valant seize millions de francs.

Ainsi, comparativement à 1845, l'année 1846 a eu un surplus de produit de cinq millions cinq cent mille francs, et en comparant les six premiers mois de 1846 aux six premiers mois de 1847, on trouve en faveur de ce dernier semestre un excédant de trois millions cinq cent mille francs.

C'est là, il ne faut pas se le dissimuler, dit le judicieux auteur de la statistique à laquelle j'emprunte les détails qui précèdent et ceux qui vont suivre, le plus haut point de prospérité auquel soit jamais parvenu le commerce des eaux-de-vie de Cognac. Dans des notes, ajoute-t-il, très régulièrement suivies depuis l'année 1822, il a trouvé pour 20 ans, une exportation commune en Angleterre de 85,000 hectolitres par année.

C'est positivement, comme vous venez de le voir, Messieurs, le chiffre de l'exportation du premier semestre de 1847.

Vins.

La qualité des vins rouges ayant été l'an dernier très remarquable, la Normandie, Paris et le Nord de la France en ont tiré, par Charente, 11,226 futailles, 32,493 hectolitres. La Vienne, la Haute-Vienne, la Creuse, etc., en ont bien, de leur côté, absorbé 36,000 hectolitres.

Ces exportations réunies doivent avoir produit, pour les six premiers mois de cette année, une valeur d'un million quatre cent mille francs.

Papiers.

Je ne vois guère de changements notables à vous signaler au sujet de la fabrication des papiers d'Angoulême. Depuis les hautes récompenses accordées à cette industrie, à la suite de l'exposition de 1844, nos fabricants n'ont point cessé de perfectionner encore leurs produits ; il en résulte peut-être un inconvénient : c'est qu'aujourd'hui les papiers les plus communs sont si beaux, que le consommateur s'en accommode et délaisse un peu les qualités supérieures ; néanmoins, tout s'écoule avec un peu plus d'efforts pour ces derniers ; quant aux autres, il est de notoriété publique que les fabricants refusent journellement des commandes.

On peut toujours évaluer à six millions de francs environ le produit de cette belle industrie.

Fer.

Les usines à fer du département sont dans une assez bonne situation. Les chemins de fer, la construction des machines à vapeur, les locomotives, tout contribue à donner à la fonte et au fer des emplois multipliés.

La belle tréfilerie de Sireuil marche très bien.

L'usine de Lamothe-Charente, arrêtée dans sa marche par le défaut de capitaux suffisants, a été vendue et convertie par les nouveaux acquéreurs en laminoir à cuivre ; les produits en sont très beaux.

Industrie diverses.

Tous les annexes à la fabrication du papier, flôtres, manchons, toiles métalliques, continuent de bien marcher et d'exporter leurs produits à l'étranger.

La navigation de la Charente, aidée cette année par le mouvement des céréales et l'emploi de plus en plus considérable des charbons de terre, a continué d'être fort active.

La condition des ouvriers dans le pays est fort bonne ; vous pourrez en juger par les travaux particuliers qui s'exécutent dans la seule ville du chef-lieu ; ainsi :

Il existe dans ce moment 68 maisons ou bâtiments en cons-

truction dans la commune d'Angoulême, savoir : ville intra-
muros, 20; rampes d'accès, 9; faubourgs, 29; banlieue, 11. On
les divise encore ainsi : 41 sur terrains neufs ; 20 reconstruc-
tions et 7 bâtisses intérieures. Ces travaux, qui occupent 344
ouvriers tailleurs de pierre, peuvent être évalués à 8,000 fr.
l'un et produire ainsi un mouvement de fonds de 544,000 fr ;
dans ce nombre, on compte 13 chantiers commencés en 1846
et 55 qui datent de 1847.

Dans les intérieurs, un grand nombre de réparations ont
lieu dans ce moment : les devantures de boutiques se multi-
plient; la carrosserie, la peinture, la menuiserie, la charpen-
terie, etc., sont en grande activité ; beaucoup de clôtures en
maçonnerie et en moellons sont en cours d'exécution.

En résumé, Messieurs, facilité dans les recouvrements des
contributions, dim inution progressive et notable dans les
frais de poursuites ;

Augmentation dans les recettes de l'enregistrement et du
timbre ;

Accroissement dans les produits des impôts indirects ;

Marche ascendante dans les versements à la caisse d'épargnes ;

Bonne position commerciale et industrielle.

Ce sont là des résultats dont nous aurions à nous féliciter
dans un temps prospère; combien, à plus forte raison, devons-
nous nous en applaudir dans une année comme celle qui vient
de peser sur la France et l'Europe entière !

Postes.

Vous émites, l'an dernier, un vœu en faveur de la réforme
postale. Si vos vues n'ont pas été complètement adoptées,
vous n'apprendrez pas du moins, sans intérêt, que l'administration a fait un premier pas dans la voie que vous lui signa-

liez, en supprimant le décime rural et en abaissant à 2 p. 0,0 le droit perçu sur les expéditions d'argent. Mais il faut bien le reconnaître en présence des faits, il s'en est suivi une diminution dans le produit des postes.

Cette diminution est, pour les six premiers mois de cette année, de 4,348 fr. 25 c. pour tout le département, tandis qu'il y avait eu, en 1846, une augmentation sur l'année précédente de 14,369 fr.

Si ce résultat n'est pas décisif, ce dont je conviendrai, il prouve du moins avec quelle prudence et quelle circonspection on doit procéder en ces sortes de matières.

Création d'un Asile d'aliénés pour le département de la Charente.

L'Asile d'aliénés du département, établi dans l'hospice d'Angoulême, contient 26 cellules placées au rez-de-chaussée et divisées en quatre petites cours. Ces cellules, principalement celles qui sont au nord, sont humides, privées de meubles, et leur literie est dans le plus mauvais état. Les infortunés qui s'y trouvent sont vêtus comme des mendiants.

Le peu d'élévation des murs qui entourent les cours, facilite les évasions, et tout récemment, le 17 du mois de juillet dernier, un de ces malheureux s'est évadé en les escaladant, et est allé se jeter dans la Charente, d'où on l'a retiré noyé.

La salle des bains est trop petite pour les besoins des aliénés, et cependant elle sert aux divers services de l'hospice.

Il n'existe, dans un espace aussi limité, ni réfectoire, ni infirmerie, ni salle de réunion, ni vestiaire.

Les aliénés prennent leurs repas dans leurs cellules et y sont soignés dans leurs maladies.

L'ordre, l'hygiène, les méthodes de traitement sont gravement compromis par de telles dispositions.

Avec un local aussi resserré et qui remplit si imparfaitement sa destination, le département se trouve obligé de traiter avec le directeur de l'établissement privé de Leyme (département du Lot), où il entretient, terme moyen, 50 à 60 aliénés. Le nombre de ces infortunés qui s'y trouvent en ce moment, est de 52.

Parmi les principaux inconvénients que présente le séjour à Leyme, pour ceux des aliénés qu'on est dans l'obligation d'y envoyer, on peut particulièrement citer ceux-ci :

1° Privation complète des relations de familles, aussi nuisibles pendant la période du délire, qu'elles peuvent être avantageuses dans quelques circonstances, surtout dans les préludes de la convalescence ;

2° Anxiété des familles, qui, nonobstant leurs démarches et leurs lettres, ne peuvent connaître l'état exact de leurs parents ;

3° Défaut de surveillance, Leyme étant un établissement particulier éloigné des centres de populations ;

4° Difficulté de transport : le transport s'effectue, tant pour l'aller que pour le retour, par les voitures de cet établissement. qui ne les met en circulation que lorsque les besoins de plusieurs départements se font sentir ; il en résulte des retards qui ont pour effet, tantôt de laisser le quartier d'Angoulême s'encombrer, tantôt de laisser séjourner à Leyme des personnes qui auraient dû, par suite de leur guérison, être rendues à leurs familles, et deviennent ainsi une charge doublement onéreuse pour le département.

Dans cet état de choses, c'était un devoir pressant pour l'administration de rechercher les moyens d'obvier à tant de conséquences fâcheuses. Après y avoir mûrement réfléchi, elle s'est arrêtée à la pensée de fonder un établissement spécial pour le département. M. le Ministre, auquel j'ai dû soumettre mon projet, s'y est associé avec empressement.

« L'établissement qu'il s'agit de fonder, m'a répondu M. le Ministre sous la date du 14 de ce mois, me paraît, comme à vous, Monsieur le Préfet, d'une indispensable nécessité, et la situation financière de votre département n'est pas telle qu'elle doive s'opposer à la création de deux nouveaux centimes pendant trois années, en vue d'un intérêt départemental aussi impérieux. Je vous autorise donc, ajoute Son Excellence, à soumetmettre au conseil général la proposition dont vous m'avez entretenu. »

Les conseils d'arrondissement ont, de leur côté, exprimé des vœux formels à cet égard.

Je viens donc aujourd'hui, avec toute confiance, Messieurs, vous entretenir du même projet et vous demander de pourvoir à la dépense que nécessitera sa réalisation.

Les plan et devis que j'ai l'honneur de déposer sur le bureau, devaient être, dans le principe, assez limités pour que la dépense ne dépassât pas 150,000 fr., mais en avançant dans son travail, l'architecte a reconnu, et j'ai dû le reconnaître avec lui, que tout en se renfermant dans le cercle de la plus étroite économie, il serait bien difficile de ne pas atteindre le chiffre de 200,000 fr.; ce serait donc, dans ce cas, pendant quatre et non pendant trois années que devrait être perçue l'imposition annuelle de deux cent. aux quatre contributions directes. Si, comme je l'espère, ce vote obtient votre agrément, je ne doute pas qu'il ne reçoive également la sanction de M. le ministre et des chambres.

Les rapports spéciaux, joints au dossier de cette affaire, vous donnant tous les renseignements que vous pouvez désirer tant sur la situation actuelle de nos aliénés que sur les conditions et les résultats de l'asile projeté, je terminerai ici mes réflexions sur ce sujet, si digne pourtant de toute notre sollicitude, par cette dernière remarque: c'est que les sacrifices momentanément réclamés du conseil, dans cette circonstance, auraient, en définitive, cet avantage matériel pour le département, que près de 20,000 fr. envoyés annuellement à l'étranger, seraient à l'avenir dépensés dans le pays, sous le double contrôle de l'administration et du conseil lui-même.

Enfants trouvés et abandonnés.

L'administration continue à retirer de l'inspection bien comprise et bien pratiquée des enfants trouvés et abandonnés, des améliorations incontestables. C'est ce dont vous vous convaincrez, Messieurs, en jetant les yeux sur le volumineux dossier que je livre à vos investigations. Je vais, en attendant, rappeler ici quelques-uns des faits qui m'ont paru devoir fixer plus particulièrement votre attention.

Le nombre des expositions se maintient : il a été, l'année dernière, de 213. Si ce nombre n'a pas subi une décroissance, il faut s'en affliger dans l'intérêt de la morale et dans celui des finances du département ; mais vous ne vous en étonnerez peut-être pas, Messieurs, en songeant à la rigueur des temps que nous venons de traverser.

566 enfants ont été inspectés à domicile pendant le cours de cet exercice.

L'examen attentif de la position de ces enfants a conduit M. l'inspecteur à demander et à obtenir le changement de douze d'entr'eux. Vous remarquerez, à cette occasion, Messieurs, qu'il existe dans les mutations une diminution sensible et progressive ; cela tient nécessairement à la surveillance intelligente et active dont les gardiens sont l'objet : 45 changements avaient été jugés indispensables en 1844

L'hospice d'Angoulême continue à munir de livrets ceux de ces enfants qui accomplissent leur douzième année. Cette mesure, qui permettrait de les suivre au moment de la vie où les écueils naissent sous leurs pas, serait d'une puissante efficacité si elle était mieux comprise de MM. les maires ; malheureusement, ceux-ci ne tiennent pas assez la main, dans cette circonstance, aux instructions qu'ils ont reçues. MM. les médecins surveillants s'acquittent de leur mission charitable avec un zèle et une conscience qui leur font le plus grand honneur. C'est une justice que je suis heureux de pouvoir leur rendre publiquement. Si le chiffre des décès s'est accidentellement élevé, on ne peut en attribuer la cause qu'aux ravages occasionnés par une épidémie de dyssenterie qui a sévi en 1846 sur les enfants de toutes les classes de la société. Ce chiffre, après avoir descendu, en 1845, à 1 sur 14, a été en effet de 1 sur 10 en 1846 ; toutefois, cette proportion n'en place pas moins encore la Charente, sous le rapport de la mortalité des enfants trouvés, dans un rang presque exceptionnel, en raison de son résultat satisfaisant.

Le bien-être matériel de ces infortunés ne préoccupe pas uniquement l'administration : leur avenir, leur moralisation sont devenus pour elle un sujet de sollicitude constante. C'est dans ce but que des primes seront désormais allouées, sous l'approbation de M. le ministre, à ceux de nos instituteurs qui, les premiers et avec le plus d'empressement, ouvriront leurs écoles aux orphelins de nos hospices placés dans les campagnes.

Quinze mères avaient déjà été amenées, en 1845, à reprendre leurs enfants ; 29 ont suivi cet exemple en 1846. M. l'inspecteur pense que là ne s'arrêtera pas cet élan vers le bien, et que l'année où nous sommes sera marquée par un nouvel accroissement de demandes.

Enfin, Messieurs, les gardiens étaient depuis longtemps dans l'habitude de changer de domicile sans que la commission administrative des hospices en fût informée ; les enfants échappaient ainsi au contrôle de l'inspection. Un arrêté du 1er avril dernier, qui autorise l'inspecteur à suspendre le salaire des gardiens jusqu'à ce que les changements non autorisés soient régularisés, a déjà produit de bons résultats. Il est à croire que cette mesure fera disparaître les abus qui naissaient de l'ancien état de choses.

Cette série d'actes dont vous retrouverez, au surplus, les effets détaillés dans les rapports spéciaux de M. l'inspecteur, vous prouvera, je l'espère, Messieurs, que, quand j'ai agité devant vous la grave question de la suppression du tour d'Angoulême, je pouvais être mu par d'autres sentiments que par la pensée unique d'une simple économie.

Permis aux uns de voir dans l'établissement des tours, ce honteux emprunt fait à l'Italie, une œuvre de haute moralité ; derrière le tour, je vois avant tout, pour ce qui me concerne, un encouragement à la débauche et à la paresse, la destruction de tous les liens sociaux, la violation du plus sacré devoir de la nature.

C'est vous dire, Messieurs, qu'une année de réflexions et d'études ajoute à la force de mes convictions. Si je parviens, cette année, comme je m'en flatte, à vous les faire partager, je croirai avoir fait beaucoup plus encore pour la morale et la société que pour le budget départemental.

On a attaqué la mesure de la suppression des tours par deux arguments principaux ; cette mesure, a-t-on dit, est illégale, cette mesure augmente le nombre des infanticides.

J'espère être assez heureux pour parvenir, dans le courant de la discussion qui s'ouvrira nécessairement sur cet objet, à vous prouver en peu de paroles, mais avec beaucoup de chiffres, le peu de fondement de ces objections.

Prisons.

La population de nos prisons s'est malheureusement accrue dans ces dernières années ; celle de la maison d'Angoulême a doublé depuis deux ans; elle était récemment encore de 145 détenus; ce chiffre aurait quelque chose d'effrayant si son élévation ne devait pas être attribuée à une cause toute particulière : à la multitude d'étrangers et de gens à position précaire que les grands travaux de terrassements ont pour effet de réunir sur les points où ils s'exécutent.

Malgré les chaleurs excessives que nous venons d'éprouver, et quel que soit l'encombrement fâcheux de la prison d'Angoulême, il ne s'y est manifesté ni agitation ni symptôme de maladie épidémique. Je serais heureux de penser que l'introduction du nouveau régime auquel cet établissement est soumis depuis quelques années, contribue au maintien de l'ordre et à l'amélioration de l'état sanitaire parmi les détenus.

La portion du produit de la main-d'œuvre des condamnés revenant au département, a été, en 1846, de 814 fr. 35 c., déduction faite, il est vrai, du montant de la retenue exercée sur le travail des condamnés à plus d'un an, lequel a dû être versé dans la caisse du trésor de l'Etat, en vertu de l'art. 10 de la loi du 19 juillet 1845, portant fixation du budget des recettes de l'exercice 1846.

Instruction secondaire.

COLLÉGE ROYAL.

J'éprouve une satisfaction toujours croissante, lorsque, chaque année je touche à cette partie importante du programme que je me suis tracé. C'est que, Messieurs, j'ai toujours à enregistrer des améliorations nouvelles, à constater des résultats de plus en plus satisfaisants.

Au commencement de l'année classique, un évènement toujours grave pour un établissement de ce genre, le changement du chef de l'administration, a été accompli; je suis heureux, du reste, de pouvoir vous dire qu'il n'y a rien eu de changé que le nom. L'université, dans le nouveau choix qu'elle a fait, nous a donné une preuve nouvelle de la sollicitude toute particulière avec laquelle elle s'intéresse au succès, au développement du collége d'Angoulême. Une excellente direction continue d'être imprimée aux études et à la discipline; mais si tout rappelle aux jeunes élèves de graves occupations, d'austères devoirs, rien aussi n'est négligé pour leur en rendre l'accomplissement agréable et facile, pour leur faire aimer la règle à laquelle ils sont sévèrement assujétis. L'éducation, en un mot, est parfaitement comprise; et j'aime à vous dire que, dans une maison où le niveau de l'instruction est si élevé, on cherche encore, avant tout, à former le cœur d'une jeunesse qui se montre heureuse et reconnaissante de retrouver au collége même l'image de la famille.

L'an dernier, je vous entretenais des travaux de l'installation qui se poursuivaient à pareille époque. Aujourd'hui que ces travaux sont achevés, que l'installation est complète, je puis vous donner l'assurance que rien ne manque à la bonne tenue, au bien-être matériel de la maison; et pour tout résumer en un mot, que l'intérieur est en rapport parfait avec l'aspect du dehors.

Les études littéraires qui préparent au baccalauréat et qui par là deviennent une introduction nécessaire à toutes les carrières, ont continué d'occuper toute l'attention de l'administration. Si les mêmes causes produisent les mêmes effets, il n'est pas permis de douter que, cette année comme l'année dernière, nos élèves n'obtiennent encore un beau succès dans les épreuves qui les attendent au chef-lieu de l'académie.

L'étude des sciences exactes qui ont pour objet l'admission aux écoles spéciales de l'état, études sur lesquelles repose en grande partie l'avenir de notre beau collége, ont été l'objet des soins les plus assidus et, je puis le dire, les plus intelligents.

Ici, Messieurs, je ne fais que reproduire l'opinion formellement exprimée par MM. les inspecteurs généraux et particuliers, et par M. le recteur de l'académie de Bordeaux, qui ont examiné avec détail et sous tous les aspects cet établissement si digne de votre intérêt.

Il n'est pas étonnant que, placé dans de pareilles conditions, le collége d'Angoulême voie s'accroître tous les ans le nombre de ses élèves.

Il s'est élevé, dans le courant de l'année, jusqu'au chiffre de 208 élèves internes; la moyenne du chiffre de l'année dépasse le chiffre de 200.

Le nombre moyen des élèves externes a été de 180. Ces chiffres sont significatifs, et l'on peut, à bon droit, les regarder comme la mesure de la confiance du pays.

Cette confiance que le collége est si fier d'avoir su mériter, j'ai la ferme espérance qu'il continuera à s'en rendre digne. L'administration, sans chercher le succès éphémère de téméraires innovations, ne négligera rien pour introduire toutes les améliorations compatibles avec le bon ordre et la marche régulière des études. Elle a particulièrement en vue tout ce qui pourra assurer le développement moral, intellectuel et physique de la jeunesse confiée à ses soins, en réservant pour l'âge le plus tendre sa plus vive sollicitude, ses attentions les plus paternelles. Et pour répondre aux besoins bien connus de notre département, elle tend sans cesse à rendre plus féconde encore l'instruction professionnelle et intermédiaire qu'elle offre au commerce et à l'industrie.

D'après cet aperçu, nous n'aurions plus rien à désirer, Messieurs, pour le collége d'Angoulême, si le personnel n'était pas exposé à des mutations fréquentes, qui atteignent souvent jusqu'au chef de l'administration.

Bien que, dans les divers choix qu'elle a faits, l'université nous ait donné une preuve bien manifeste de ses dispositions

3

bienveillantes en faveur de notre collége, l'incertitude que laissent subsister les changements nombreux qui s'effectuent annuellement dans le personnel, finirait par porter une atteinte sérieuse à la prospérité de ce magnifique établissement, si le terme de ce fâcheux état de choses se faisait attendre long-temps encore.

Nous ne pouvons demander ni même désirer que les fonctionnaires, que les professeurs du collége qui méritent, par leur zèle et leurs succès, la bienveillance de l'administration, soient privés de l'avancement auquel ils ont droit. Ce que nous pouvons demander et désirer pour les uns et pour les autres, c'est qu'ils trouvent leur récompense là où ils l'ont méritée, qu'ils recueillent là où ils ont semé.

Vous atteindrez ce but en grande partie, Messieurs, si vous obtenez par de nouvelles instances que le collége d'Angoulême soit élevé de la 3ᵉ classe à la 2ᵉ.

Cette faveur, le collége la mérite par le chiffre de sa population, qui le met au premier rang parmi les établissements de même ordre, par l'excellente direction imprimée à l'enseignement que la jeunesse y reçoit ; la ville d'Angoulême et le département de la Charente la méritent aussi par les sacrifices qu'ils se sont concurremment imposés pour fonder un bel et utile édifice que M. le Ministre considère et cite comme un modèle à suivre dans les constructions de ce genre.

Vous renouvellerez donc le vœu que vous avez déjà exprimé deux fois en faveur de l'érection du collége royal d'Angoulême à la 2ᵉ classe. L'accueil bienveillant qu'a reçu de M. le Ministre la première démarche faite dans ce sens, doit vous encourager à manifester votre opinion avec une nouvelle force.

Instruction Primaire.

Le service de l'instruction primaire a éprouvé quelques

nouvelles améliorations depuis votre dernière session ; mais le fait capital de l'année, et qui mérite particulièrement de vous être signalé, c'est l'ouverture, dans la commune d'Angoulême, de deux classes d'adultes. Ce projet qui, dans d'autres temps, avait été tenté et avait toujours échoué, a fini par réussir au-delà de toute espérance : près de 600 braves ouvriers appartenant à des professions diverses, ont suivi ces cours dans le courant de l'hiver dernier.

On ne saurait trop en féliciter l'administration municipale ; de justes éloges reviennent aussi à MM. les instituteurs, et particulièrement à celui de Lhoumeau, au zèle et aux efforts duquel sont, en partie, dus les résultats satisfaisants que vous trouverez consignés dans un rapport ci-joint, de M. le maire d'Angoulême.

Je vais d'ailleurs, Messieurs, en repassant avec vous le dernier rapport que m'a adressé M. l'inspecteur des écoles, vous tenir au courant de toutes les parties de cette branche importante et délicate de l'administration.

Sur 435 communes que comprend le département :
366, isolées ou réunies, ont des écoles publiques ;
9 n'ont que des écoles privées ;
60 n'ont ni écoles communales ni écoles privées.

Le nombre des communes dépourvues d'écoles publiques, qui, en 1846, était de 105, se réduit donc à 69. Cette différence en moins n'est pas due seulement à la création de nouvelles écoles ; elle est aussi l'effet de plusieurs réunions ou fusions de communes.

Le nombre des écoles existantes dans le département, est de 531 : c'est une différence en plus de 8 écoles, comparativement à 1846.

Ces établissements se répartissent ainsi qu'il suit entre les divers arrondissements :

(Voir le Tableau d'autre part.)

ARRONDISSEMENTS.	ECOLES communales		ECOLES privées		TOTAL des écoles.
	de garçons.	de filles.	de garçons.	de filles.	
Angoulème..	117	5	26	47	195
Barbezieux........	61	1	12	22	96
Cognac...........	58	3	8	17	86
Confolens........	47	1	5	14	67
Ruffec....	61	1	8	17	87
TOTAUX...	344	11	59	117	531

Le nombre des écoles communales de filles est resté le même ; celui des institutrices privées a augmenté de 8 ; le chiffre des écoles privées de garçons est considérablement réduit : nous avons, en moins, 19 établissements de cet ordre ; mais, par une heureuse compensation , le nombre des écoles communales de garçons s'est accru d'autant.

La diminution éprouvée par les écoles privées de garçons, tient à deux causes : 12 de ces écoles, établies dans de petites communes, ont été érigées en écoles communales ; les autres, placées dans des localités un peu importantes, n'ont pu soutenir la concurrence d'établissements rivaux, et ont cessé d'exister. On voit des écoles privées s'ouvrir et se fermer rapidement ; ce sont, le plus souvent, des essais tentés par des hommes qui manquent d'instruction et de persévérance.

Sous le rapport des méthodes d'enseignement qui y sont usitées, les écoles du département se classent comme ci-après :

NATURE DES ECOLES.	Mutuel.	Simultané.	Mixte.	Individuel.
Ecoles communales de garçons.........	4	129	183	28
Ecoles communales de filles............	»	7	4	»
Ecoles privées de garçons....	»	14	31	14
Ecoles privées de filles................	»	29	64	24
TOTAUX........	4	179	282	66

Le nombre des écoles où l'enseignement est mutuel, n'a pas varié : peu d'établissements comportent ce mode d'enseignement. Il ne peut et ne doit être appliqué que dans les écoles où le trop grand nombre d'élèves rend la méthode simultanée impossible, et où l'on peut d'ailleurs former de bons moniteurs.

La méthode simultanée est mise en usage dans 179 écoles ; mais elle n'est pas partout bien comprise , et , souvent même, l'insuffisance des moyens matériels d'étude, du mobilier de la classe, ne permet pas de l'appliquer avec succès.

L'enseignement mixte est presque toujours celui qui prévaut dans le plus grand nombre de nos établissements.

Enfin, le mode individuel est encore employé dans 66 écoles ; c'est le partage des instituteurs et des institutrices âgés, routiniers, incapables de se plier à de nouveaux procédés. Cet enseignement ne disparaîtra complètement qu'avec les maîtres qui le pratiquent.

Tenue , Direction des Écoles.

Considérées d'après la manière dont elles sont tenues, dirigées, elles forment les trois catégories qui suivent :

NATURE DES ECOLES	BIEN.	MÉDIOCREM'.	MAL..
Ecoles communales de garçons.	144	126	74
Ecoles communales de filles. ..	6	5	»
Ecoles privées de garçons.....	11	27	21
Ecoles privées de filles..........	30	54	33
TOTAUX.............	191	212	128

Si l'on met cette situation en regard de celle qui était signa-
lée l'année dernière , on a lieu de remarquer que le nombre
des écoles mal dirigées a diminué de 4, celui des écoles mé-
diocrement dirigées, de 2 , et que celui des écoles bien dirigées
a augmenté de 14.

Les écoles communales ont une supériorité marquée sur les
écoles privées. Le nombre des établissements communaux mal
dirigés est, à l'ensemble de ces établissements, dans un rapport de 1 à 5, tandis que, pour les écoles privées, ce rapport est
presque de 1 à 3.

Quant aux instituteurs sortis de l'école normale, ils ont une
supériorité incontestable sur les anciens maîtres.

Population des Écoles.

On compte dans dans les écoles 16,570 garçons et 6,916 filles, en tout 23,486 élèves, qui s'y répartissent ainsi qu'il suit :

ARRONDISSEMENTS.	ECOLES COMMUNALES				ECOLES PRIVÉES				TOTAL des élèves.
	DE GARÇONS.		DE FILLES.		DE FILLES.		DE GARÇONS.		
	garçons.	filles.	garçons.	filles.	garçons.	filles.	garçons.	filles.	
Angoulême............	5318	889	17	494	952	144	41	1394	9249
Barbezieux...........	2391	419	»	25	417	66	4	613	4505
Cognac...............	2653	704	49	74	407	16	43	559	3935
Confolens............	1388	169	»	40	95	6	»	409	2107
Ruffec...............	2491	259	»	100	304	34	»	502	3690
TOTAUX........	14241	2440	66	733	2175	266	88	3477	23486

Le nombre des élèves était, en 1846, de 22,998 ; il y en a donc 428 en plus.

20,124 enfants paient une rétribution, 3362 sont admis gratuitement.

MAISONS D'ÉCOLES. — *Matériel de Classe.*

53 communes ou réunions de communes ont des locaux en propriété pour l'école. C'est une différence en plus de 6 comparativement à 1846.

40 de ces locaux sont bien disposés pour la tenue de la classe et le logement de l'instituteur ; 5 pour la tenue de la classe seulement ; 9 n'offrent aucune convenance.

Les bâtiments pris à loyer sont au nombre de 291.

35 sont bien disposés pour la tenue de la classe.

156 ne le sont pas.

84 offrent un logement convenable pour l'instituteur.

210 ne remplissent pas cette condition.

Il serait à désirer que toute location de maison d'école fût établie par acte authentique, ainsi que le prescrit une circulaire de M. le ministre de l'instruction publique, en date du 24 août 1833.

On préviendrait ainsi une foule de réclamations qu'il n'est pas toujours facile d'apprécier.

Dans 134 écoles, le matériel de classe est suffisant; dans 310 il est incomplet; 152 communes seulement ont fourni elles-mêmes le matériel; 192 instituteurs ont dû y pourvoir à leurs frais.

Je crois devoir reproduire ici une observation qui a déjà été faite plusieurs fois : les réglements permettent à tout instituteur communal de donner l'instruction aux enfants de l'un et de l'autre sexe là même où il existe une école de filles, lorsque cette école n'est que privée. Cette communauté des écoles pour les deux sexes, continue à présenter beaucoup d'inconvénients et de dangers qui ne se révèlent que trop souvent. Il serait urgent que la jurisprudence du conseil royal de l'instruction publique fût modifiée sur ce point, et que la séparation des sexes fût de rigueur partout où elle est possible. Je viens donc, Messieurs, vous demander de vouloir bien émettre un vœu à ce sujet, vœu que je m'empresserai de transmettre à M. le ministre de l'instruction publique.

Ecole normale d'instituteurs.

Pendant l'année scolaire 1845-46, l'école a compté 32 élèves-maîtres, savoir: 25 boursiers du département; 2 boursiers de l'état et 5 pensionnaires libres. De ces 32 élèves, 13 ont été brevetés; 8 se trouvent placés à titre d'instituteurs communaux; quant aux 5 autres, entrés comme sous-maîtres dans des pensionnats, ils attendent toujours qu'on leur donne une destination.

Cette année (1846-1847), l'école compte également 32 élèves, dont 20 boursiers, 10 demi-boursiers et 2 pensionnaires libres. 19 d'entre eux doivent quitter l'établissement à la fin de ce mois. S'ils ont leurs brevets, il y aura 24 élèves à placer. Des nominations d'office et des agglomérations de petites communes semblent donc devenir d'une indispensable nécessité, à l'effet d'opérer ces placements.

Les 69 communes que j'ai eu l'honneur de vous signaler plus haut, comme étant privées d'écoles, permettent d'accomplir ce vœu de la loi.

Je ferai remarquer aussi, Messieurs, que nonobstant le fractionnement des bourses pour 1847, le nombre des aspirants à l'école, lors du dernier examen a été aussi considérable que pas le passé; 13 candidats seulement pouvaient être admis, il s'en est présenté 36; ainsi se trouve parfaitement justifiée la mesure de sage économie que je crus devoir vous proposer l'année dernière.

Considérée au point de vue moral, la situation de l'école continue d'être satisfaisante.

Il règne un bon esprit parmi les élèves; et si, une fois reçus instituteurs, ils conservaient, hors de l'établissement, les habitudes d'ordre, de travail, de subordination, de pratique religieuse qu'ils ont contractées, les communes où ils exerceraient auraient lieu de s'applaudir de les avoir choisis pour précepteurs de l'enfance.

Sous le rapport intellectuel, les élèvent se montrent laborieux, et les leçons qu'ils reçoivent portent leurs fruits. Ce n'est pas à dire que les progrès soient également rapides, et les succès les mêmes pour tous ; la différence des dispositions, l'inégalité des intelligences, font obstacle à un pareil résultat ; mais toujours est-il que le bon vouloir et les efforts persévérants ne sont point en défaut chez ces jeunes gens.

Tout satisfaisant qu'est cet état de choses il est susceptible de s'améliorer de plus en plus, surtout si une troisième année d'études, dont l'autorité centrale semble reconnaître la nécessité, vient compléter, perfectionner, mûrir les connaissances acquises pendant les deux premières années.

En matière de finance, l'école jouit, en 1847, de 500 fr. de rente. Cette position financière a remplacé le déficit dont l'établissement était frappé en 1839, lorsque le chef actuel en prit la direction.

École normale d'Institutrices.

Le vote que le Conseil émit l'an dernier, pour assurer les besoins de cet établissement, n'a pu avoir son effet en temps utile : vous en verrez les motifs dans mon projet de budget ; il en est résulté quelques embarras financiers qui cesseront d'ailleurs avec la fin de cette année.

Toutefois, six élèves se sont présentées à l'examen pour l'obtention du certificat d'aptitude dans la session du mois de mars dernier, et toutes les six ont obtenu un brevet de capacité. Quoiqu'elles n'eussent pas alors complété leurs deux années d'études, elles se sont montrées supérieures à d'autres aspirantes qui, comme elles, ont également été diplômées.

Les dames religieuses chargées de la direction de ces jeunes personnes, s'acquittent de leur tâche avec un zèle et un dévouement que la commission de surveillance reconnaît être au-dessus de tout éloge.

Salles d'Asile.

Ces premières écoles de l'enfance, sur les avantages desquelles je ne reviendrai pas, parce que tout a été dit et qu'il n'y a plus qu'une opinion à ce sujet dans le Conseil, ont été fréquentées, dans l'année courante, par plus de 600 enfants de l'un et de l'autre sexe. Partout c'est la même sollicitude, ce sont, dit M. l'Inspecteur dans son rapport, les mêmes soins affectueux pour ces jeunes élèves; mais ce fonctionnaire fait aussi remarquer que plusieurs de ces établissements laissent quelque chose à désirer sous le rapport du local, du matériel et même de la méthode. Les encouragements que vous avez donnés et que vous continuerez à donner à ces asiles de l'enfance, assureront à ceux qui existent une organisation régulière et complète, et procureront à quelques autres localités les moyens d'en fonder de nouveaux.

Travaux Publics.

Routes Royales et Départementales.

Le rapport de M. l'ingénieur en chef, qui vous a déjà été communiqué, me dispensera d'entrer dans les détails de ce service important. Toutefois, il est cependant des objets sur lesquels je désire fixer un instant votre attention, parce qu'ils peuvent être considérés comme les points de départ de la voie nouvelle où l'on est entré.

Ainsi, Messieurs, grâce aux vœux si souvent exprimés par vous, grâce aux demandes incessantes et fortement motivées de M. l'ingénieur en chef, demandes que je me suis toujours fait un devoir d'appuyer moi-même dans toutes les occasions, nous avons obtenu de M. le Ministre des travaux publics une augmentation de 57,888 fr. pour nos routes. C'est bien quelque chose, mais ce n'est point encore assez. Tout en vous montrant reconnaissants, vous n'hésiterez donc pas à renouveler vos vœux à ce sujet.

Les points où nos routes royales franchissent le périmètre de la circonscription territoriale du département, n'avaient été jusqu'ici rendus facilement reconnaissables par aucun signe apparent. Cette lacune vient d'être comblée : une décision récente de l'administration centrale a autorisé la pose de bornes-limites de grande dimension, qui sont établies à l'entrée et à la sortie de chacune de ces grandes voies de communication.

Une autre décision a autorisé l'établissement de poteaux indicateurs en fonte, aux points d'embranchement de ces routes, soit entre elles, soit avec les routes départementales. On commence à s'occuper de la pose de ces poteaux.

L'administration a également approuvé le placement de tableaux en fonte, aux entrées et aux sorties des bourgs ou villages traversés par les routes royales.

Un cylindre compresseur a été acquis, aux frais de l'état, pour faciliter la liaison des matériaux employés, soit à la confection d'empierrements neufs, soit en rechargement de chaussées dégradées. Cette machine sera mise en usage à la première occasion.

Nos nombreuses traverses de grande voierie manquaient de plans d'alignement définitivement réglés ; il importait de faire cesser cet état de choses fâcheux. Un géomètre a été nommé, chargé de préparer et d'exécuter ce travail. Il s'en occupe. Déjà, plusieurs de ces plans ont été levés et rapportés.

Le traitement de cet agent, prélevé sur les fonds des routes royales, de la navigation et des routes départementales, ne pèse que pour les trois douzièmes sur ce dernier service.

Si les plantations trop touffues et trop rapprochées de la voie publique, faites d'ailleurs irrégulièrement et indûment, paraissent devoir être réprimées, il n'en est pas moins vrai que partout où le profil transversal des routes s'y prête, partout où le climat ne rend pas l'ombrage nuisible à la viabilité, les plantations sont d'un bel effet et d'un grand agrément. La Charente se trouvant, sur plusieurs points, dans ces conditions, il est dans l'intention de M. l'ingénieur en chef de soumettre à l'administration centrale quelques projets de plantations partielles, en même temps qu'une mesure générale propre à régulariser toutes les opérations de cette nature qui se font le long des routes.

Ces diverses améliorations, qui portent sur l'ensemble du service des routes royales, sans être de premier ordre, ont néanmoins une signification et un degré d'utilité incontestable; elles témoignent surtout de l'active sollicitude avec laquelle M. l'ingénieur en chef s'occupe de toutes les parties de l'administration dont la direction lui a été confiée.

Des routes départementales, je ne dirai que deux mots, afin de ne pas sortir du cercle que je me suis tracé.

Une décision du jury d'expropriation vient d'aplanir les difficultés qui s'opposaient à ce que l'entrepreneur travaillât au pont et aux abords de Chalais, route n° 7. Il va enfin pouvoir mettre la main à l'œuvre.

D'un autre côté, l'obstacle que formait, jusque dans ces derniers temps, le passage de la Charente à Alloue, route n° 9, n'existe plus; le pont neuf est ouvert au public depuis la fin de l'année dernière, et la traverse et le pont de Champagne-Mouton peuvent aussi être considérés comme terminés.

Je déplore du reste, comme M. l'ingénieur en chef, l'impuissance où se trouve le budget départemental de subvenir convenablement à l'entretien des routes départementales. Je n'ai pas laissé ignorer à M. le ministre que nous étions dans l'impérieuse nécessité d'emprunter largement au budget des dépenses facultatives, pour faire face à nos dépenses obligatoires; mais cette communication, qui avait particulièrement pour objet de nous faire accorder une plus forte part dans la distribution du premier fonds commun, n'a malheureusement amené aucun résultat sensible, puisque cette portion a été, comme l'an passé, fixée à 30,000 fr.

Il ne faut pas se le dissimuler, Messieurs, cette pénurie, qui atteint presque tous les budgets départementaux du royaume, subsistera et entravera l'ensemble des services les plus urgents jusqu'au jour où on les exonèrera de certaines dépenses dont la place est désormais marquée au budget de l'Etat. Ce jour ne paraît pas d'ailleurs fort éloigné, car on lit dans l'exposé des motifs qui accompagnait le projet de loi sur le régime des prisons soumis à la chambre des pairs, dans sa séance du 25 janvier dernier, par M. le ministre de l'intérieur, on lit, dis-je, le passage suivant:

« En mettant à la charge de l'Etat la portion des dépenses « des prisons, qui aujourd'hui pèse sur les départements, non « seulement on fait une chose en soi juste et logique, mais « encore on accordera aux budgets des départements un sou- « lagement nécessaire et depuis longtemps réclamé. C'est, « dans notre opinion, la meilleure manière de résoudre les « difficultés que présente la situation financière des départe- « ments. »

Vous appuierez, je n'en doute pas, Messieurs, cette pensée prévoyante de M. le ministre, d'un vœu énergique.

Route royale projetée d'Angoulême à Niort.

Classement d'office au rang des routes départementales, du chemin de grande communication n° 49, formant lacune sur la route départementale n° 8, de Mansle à Séreilhac.

Demande en classement au rang des routes départementales de la Dordogne, du chemin de grande communication n° 48 de ce département, faisant suite à la route départementale n° 1er d'Angoulême à Larochechalais.

Je ne reviendrai pas sur ces différentes affaires, dont le conseil général s'est occupé à plusieurs reprises, et qui font d'ailleurs l'objet de trois rapports spéciaux.

Je dirai seulement dès ici qu'en prenant communication de ces rapports, le conseil restera convaincu que l'administration départementale n'a rien négligé pour donner à ces trois affaires une direction conforme aux intérêts du pays, et qu'il n'a pas dépendu d'elle de les amener, dès cette année, à bonne fin.

Service de la Navigation.

Légalement parlant, la Charente est navigable à partir de Montignac; mais la portion de cette rivière qui s'étend de ce point à Angoulême, sur 26 kilomètres de longueur, bien que pourvue de neuf écluses, ne reçoit réellement aucune navigation; elle est donc sans intérêt, et l'on a renoncé, quant à présent du moins, à y faire d'autres dépenses que l'entretien des écluses qui s'y trouvent.

Au contraire, à l'ouest d'Angoulême, à partir du port de L'Houmeau, la navigation est fort active, et l'administration non seulement pourvoit à l'entretien du bon état de la rivière, mais encore elle cherche sans cesse à l'améliorer sur cette portion de rivière offrant une bonne navigation.

Les travaux de l'écluse en remplacement du pas de Basseau, sont en pleine activité, et plus de la moitié de l'ouvrage sera exécutée avant la fin de la campagne; la dépense en est évaluée à 103,000 fr. et 61,000 fr. ont été alloués tant en 1846 qu'en 1847.

Les ingénieurs ont préparé un avant-projet de diverses améliorations que leur paraît nécessiter encore l'état de la rivière dans le département. L'administration centrale, à qui ce travail a été envoyé en janvier 1847, n'a point encore fait connaître si elle l'adoptait, et si elle comptait le prendre pour élément du projet de loi d'amélioration des rivières, que, sans doute, elle soumettra prochainement à la sanction des chambres.

L'avant-projet dont je viens de parler, s'élève à 1,700,000 fr.

Vous pouvez compter, Messieurs, qu'en ce qui me concerne, rien ne sera négligé pour faire admettre notre Charente à la participation des fonds que les chambres seront appelées à voter de nouveau un jour ou l'autre pour l'amélioration des rivières.

Les succès déjà obtenus en ce genre par le jeune et habile ingénieur chargé de ce service dans le département, nous promettent à l'avance un bon et utile emploi des sommes qui nous seront accordées.

Chemins de Fer.

Les deux rapports de M. l'Ingénieur en chef, que je dépose sur le bureau, vous apprendront où en sont les travaux du chemin de fer de Tours à Bordeaux, et les opérations préliminaires de celui de Limoges à Angoulême.

Du premier de ces rapports on peut conclure que les crédits de 1848 permettront d'achever tous les travaux de la ligne de Bordeaux dans la campagne prochaine, et d'en faire, avant la fin de cette même année, la remise à la Compagnie concessionnaire chargée de l'exploitation.

Le second constate que toutes les études sont assez avancées pour qu'on puisse, dans quelques semaines, en atteindre le terme, si cela devient nécessaire.

Chemins vicinaux de grande Communication.

Au premier janvier prochain, il ne nous restera plus que trois cent mille mètres à confectionner pour toucher à la fin de ce vaste réseau de chemins, comprenant bien près de treize cent mille mètres de chaussée linéaire, c'est-à-dire, un par-

cours tel que des siècles n'ont pu suffire pour en tracer la moitié sur votre sol, en fait de routes royales et départementales
réunies.

Plusieurs de ces voies de communication sont déjà, vous le
savez, ou complètement achevées ou sur le point de l'être.

Indépendamment des travaux neufs, il en a été exécutés
d'extraordinaires dans les dernières campagnes, notamment
dans l'arrondissement de Cognac, pour remettre à l'état de
viabilité des lignes importantes que leur mauvaise confection
et le défaut de surveillance dans l'entretien avaient fini par
rendre impraticables.

Je ne rentrerai pas ici dans tous les détails que comporte ce
service, et dont vous pourrez si bien vous rendre compte en
jetant les yeux sur le rapport circonstancié de M. le Voyer en
chef et les nombreux documents qui l'accompagnent ; agir
différemment, ce serait tomber dans des redites, et ce que je
crains le plus, c'est d'abuser de vos moments.

Toutefois, j'établirai ci-après l'état de nos recettes et de nos
dépenses pour cette année, et je signalerai à votre attention
l'adoption de nouvelles mesures qui ont, en corrigeant quelques abus, apporté une amélioration notable dans l'exécution
du service.

Ainsi, vous remarquerez, à l'établissement du budget, que je
réserve sur le montant du rachat des prestations en nature de
1846, montant à 25,140 fr., une somme de 14,490 fr., qui devra servir à payer le premier trimestre des cantonniers en
1848 ; par là, ces agents n'auront plus à souffrir des retards
qu'ils éprouvaient dans le paiement de leur salaire, par la nécessité où l'on avait été jusqu'ici d'attendre, pour les solder,
la centralisation des deniers communaux.

Avant 1847, ces mêmes agents n'étaient, comme vous le
savez, payés que sur des rôles dont le montant était mandaté
aux noms des voyers-conducteurs ; il en résultait de graves

inconvénients que j'ai dû chercher à faire disparaître dès qu'ils m'ont été connus. J'ai donc prescrit qu'à partir de cette année, les cantonniers recevraient des mandats individuels au moyen desquels ils se feraient payer directement des percepteurs.

Enfin, j'ai décidé que ces ouvriers seraient soumis à une surveillance plus immédiate et plus active que précédemment: à cet effet, j'ai élevé 24 des plus capables d'entre eux à l'emploi d'agents-voyers-chefs-cantonniers, lesquels ont désormais les cantonniers ordinaires sous les ordres et pourront, munis de leur nouveau titre, dresser procès-verbal contre tous les délinquants. Cette classification m'a en même temps donné l'occasion d'abaisser le nombre des cantonniers, d'étendre leur tâche, d'augmenter leur modique traitement, d'obtenir une amélioration sensible dans l'état d'entretien de nos chemins, et de voir diminuer la dépense assez lourde que nécessitent ces travaux permanents.

Ces résultats satisfaisants recevront, je l'espère, votre plein assentiment.

Je passe à l'établissement du budget de l'exercice courant.

RECETTES.

Prestations en nature évaluées à............................	273,097 f.	80 c.
Produit des centimes spéciaux communaux 3 ⅓, ci........	84,453	40
Contributions extraordinaires votées par quelques communes..	2,547	»
Souscriptions volontaires.................................	2,347	»
Journées de prestations rachetées par les communes d'Angoulême et de La Rochefoucauld...........................	2,400	»
Montant du rachat des prestations de 1846, ci............	25,040	66
Subvention départementale, 5 c. spéciaux..................	126,526	40
Reliquat de l'exercice 1845, ci..........................	5,165	80
A reporter..................	520,578	06

Report............... 520,578 f. 06 c.

Produit du centime ½ extraordinaire voté par la loi du 5
juin 1846 , ci.. 37,957 92

Total des ressources de toute nature applicables à l'exercice

1847 , ci.. 559,535 98

Mais plus d'arriéré en recouvrement , ce chiffre comprenant et le reliquat de l'exercice 1845 et la totalité du rachat des prestations de l'année précédente , suites de la ré-
gularité établie dans notre comptabilité.

DÉPENSES.

Retranchement de cette somme :

1° Prestations en nature nécessaires à l'entretien des chemins terminés , ci...................... 122,622 f. 51 c.
2° En argent pour même objet , paie-
ment des cantonniers , etc............ 73,075 08
3° Solde des travaux commencés antérieurement à l'exercice................. 19,947 56
4° Frais d'impression...................... 900 »
5° Gratification aux voyers-conducteurs,
autorisation du conseil général, séance du 19 septembre 1846 , ci.......... 1,000 »
6° Subvention pour la petite vicinalité.. 12,787 »
7° Réserve pour faire face aux salaires
des cantonniers pendant le 1ᵉʳ trimes-
mestre de 1848 , ci....... .... 14,490 66
                                          ‾‾‾‾‾‾‾‾‾‾‾‾‾
                                          244,822 81

244,822 f. 81 c.

Il reste pour faire face à des travaux neufs , ci.............. 314,713 17
Défalquant de ce chiffre les prestations en nature qui y figurent pour.. 150,475 29

Il nous reste en argent , ci............................. 164,237 88
qui devront être employés ainsi qu'il suit :

Traitements des agents-voyers............................. 33,900 »
Salaire des piqueurs...................................... 18,809 41
Travaux de chaussées...................................... 42,297 16
Travaux d'art... 69,231 31

TOTAL ÉGAL.............. 164,237 88

Ce reliquat nous permettra de confectionner 45 à 50 mille
mètres dans le courant de cet exercice.

Si quelqu'un d'entre vous, Messieurs, venait à remarquer qu'il est étonnant qu'avec l'extinction de la dette Philippon et le nouveau crédit de 37,957 fr., produit du centime ½ dernièrement voté, on ne promet pas d'exécuter plus de mètres que dans les années précédentes, j'aurais l'honneur de faire observer, à mon tour, que j'ai dû, par suite de circonstances particulières qui vous sont déjà, en partie, connues, attribuer par anticipation près de 15,000 fr. à une dépense qui incombe à l'exercice 1848 (paiement du 1er trimestre des cantonniers).

69,231 fr. 31 c. à des travaux d'art lorsque le produit de l'impôt destiné à l'achèvement de ces travaux ne donne que 37,957 fr.

Enfin une forte allocation, 12,787 fr., à la petite vicinalité. En traitant de ce service, il me sera facile d'en justifier le montant.

Or, 15,000 fr. d'une part,

31,274 d'une autre; supplément aux travaux d'art 4,000 fr., dont j'aurais pu réduire la subvention accordée aux communes pour les chemins vicinaux ordinaires ;

Tout cela donne un total de 50,000 fr., lequel aurait produit plus de dix mille mètres de chaussées si cette somme, je le répète, et vous le penserez comme moi, Messieurs, n'avait dû être, cette année, plus utilement employée à d'autres genres de dépenses.

Chemins dits d'Association et d'Embranchement.

Vous connaissez l'impulsion donnée, depuis quelques années, dans notre Charente, aux travaux qui concernent ces nouvelles voies de communication.

Depuis votre dernière session, il a encore été construit, sur ces lignes, 37,428 mètres linéaires de chaussées et 187 ponts, pontceaux ou aqueducs. Ce sont là des résultats inespérés, lorsque l'on songe surtout que les fonds départementaux n'y ont coopéré que pour la modique somme de 9,251 fr.

Les sacrifices volontaires que les communes et les particuliers continuent à s'imposer quand il s'agit de ces chemins, m'ont porté, pour ne pas dire forcé, à élever cette année la subvention départementale à près de 13,000 fr.

Je vous disais à ce propos, il n'y a qu'un instant, qu'il me serait facile de justifier cette augmentation : il me suffira sans doute pour cela, Messieurs, de vous avoir rappelé ce qui a été fait et exécuté dans la dernière campagne, et de vous citer cet exemple de quelques communes qui, pour obtenir le classement de cinq chemins d'association, évalués pour la dépense à 121,000 fr., m'ont présenté sur-le-champ une liste de souscriptions volontaires montant à 54,000 fr. Comment ne pas se sentir disposé à venir en aide à des localités qui font preuve de si bonne volonté? Comment leur refuser un léger secours, lorsqu'elles le réclament à titre d'intérêt encore plus que comme moyen d'exécution?

Toutes les communes qui entreprennent la confection de chemins d'association, ne sont pas, sans doute, dans des conditions qui leur permettent de faire de pareils sacrifices; mais toutes en font en proportion de leurs ressources et de l'aisance des habitants.

Vous reconnaîtrez donc, Messieurs, que 13,000 fr. ainsi distribués sont d'une utilité incontestable, quoique faisant défaut à nos lignes de grande communication; et, comme M. le Ministre, vous en approuverez hautement le juste et bon emploi.

D'après la situation que vous trouverez annexée au rapport de M. le voyer en chef, il n'aurait été dépensé, pour la construction des 37,428 mètres de chaussées et les travaux d'art dont il vient d'être parlé, que 113,693 fr., y compris 77,000 fr. de prestations en nature. Ce serait bien peu pour autant de be-

sogne ; mais cet agent en convient lui-même, cette comptabilité tenue par MM. les maires, laisse souvent à désirer et s'op-
pose ainsi à une juste appréciation de toutes les dépenses.

Bâtiments de l'ancienne Ecole de Marine.

Vous trouverez, dans un rapport distinct, les nouvelles et
différentes phases que cette affaire a parcourues depuis votre
dernière session. Comme elle vous est parfaitement connue au
fond, je me contenterai, pour le moment, de dire au conseil
que M. le Ministre de l'intérieur m'a fait savoir que le litige
qui pourra intervenir entre l'Etat et le département, devra être
porté devant le conseil d'Etat.

Cours d'eau. — Irrigations.

*Question de la création d'une Agence pour la Conservation
et l'Amélioration des Cours d'Eau dans l'intérêt de la
salubrité, de l'Agriculture et des Usines.*

Dans votre dernière session, j'ai eu l'honneur de vous entretenir de la question des irrigations et de ce qui avait été tenté
dans deux départements, le Var et la Sarthe, pour étudier les
cours d'eau et diriger ensuite leur emploi de la manière la
plus utile comme agents fertilisants et comme forces motrices.

La commission chargée d'examiner cette question, exprima
l'opinion que, soit à raison de la constitution topographique
du département de la Charente, soit à raison du peu d'importance de nos cours d'eau, le département ne devait pas s'engager dans la création d'une sorte d'état-major qui, se dévelop-

pant plus tard, viendrait absorber des ressources que l'on pourrait employer plus utilement. Adoptant la pensée de la commission, le Conseil général ne crut pas devoir consacrer par un vote l'organisation d'une agence des cours d'eau.

Cependant, tout en refusant d'entrer dans les voies où s'était engagé le département de la Sarthe, le Conseil général émit le vœu que l'administration s'occupât des cours d'eau, de leur conservation et de leur amélioration, en ordonnant :

1° La confection de réglements d'eau entre les usiniers et les propriétaires riverains sur les cours d'eau pour lesquels ces réglements seraient utiles ;

2° Du curage de ces cours d'eau ;

5° De leur redressement.

Dans mon rapport, j'avais exposé au conseil général que l'administration ne possédait pas de moyens ni de ressources spéciales pour entreprendre d'office l'étude des travaux que nécessiteraient l'amélioration des cours d'eau et leur meilleur emploi dans le double intérêt de l'agriculture et des usines ; qu'elle ne pourrait dès lors prendre efficacement l'initiative dans l'état actuel des choses.

Depuis votre dernière session, cependant, une loi nouvelle a été votée qui consacre la faculté d'appui favorable aux projets d'irrigation ; elle témoigne de la sollicitude des chambres et du gouvernement en faveur de la question des irrigations.

Il est certain d'ailleurs, comme j'avais l'honneur de vous le faire remarquer l'an dernier, qu'avec les lois des 12-20 août 1790, 14 floréal en XI, 16 septembre 1807, 31 mai 1841 et 29 avril 1845, l'administration possède tous les moyens de droit pour atteindre, dans certains cas, le but que l'on poursuit. Mais la législation n'a pas encore pourvu l'administration de ces puissants moyens d'exécution qu'elle a déposés, par exemple, dans la loi relative aux chemins vicinaux. Croit-on que, sans la loi de 1836, sans l'impulsion donnée par cette législation complète, on fût parvenu à doter le pays de l'immense bienfait des chemins de grande communication? Je répète donc que l'administration restera impuissante toutes les fois qu'il ne se présentera pas des intérêts importants et des hommes intelligents qui viendront solliciter son concours et créer les ressources nécessaires pour l'étude et l'exécution des travaux nécessaires pour l'amélioration des cours d'eau et les travaux d'irrigations.

Quoi qu'il en soit, le vœu du conseil, bien que stérile en soi, indiquait suffisamment qu'au fond il reconnaissait qu'il y avait quelque chose à faire. Aussi n'ai-je pas perdu de vue cette question. Dans le but d'éclairer le conseil général par quelque nouveau document, je me suis adressé à l'un de nos agents les plus intelligents, capable par sa position et ses connaissances, d'étudier la question en ce qui concerne le département de la Charente. Employé de l'administration des mines en qualité de garde-mines du département, M. Roy s'est empressé de répondre à l'appel fait à son zèle, et vous verrez par le mémoire qu'il m'a remis et que je dépose sur bureau avec les pièces relatives à cette question, que je ne pouvais confier cette étude à un homme plus compétent.

Dressé avec les simples données qu'a pu recueillir M. Roy dans ses excursions géologiques sur le sol de notre département et sans études pratiques sur nos cours d'eau, son mémoire contient des aperçus plus scientifiques que pratiques. Cependant, par les chiffres qu'il déduit des données acquises par la science et la pratique générale en même temps, il fait comprendre toute l'importance des cours d'eau de la Charente et tout le parti qu'on pourrait tirer d'un bon aménagement des eaux pour la richesse agricole et industrielle de notre département.

Ce document, que vous lirez, comme moi, avec le plus vif intérêt, et le travail statistique de nos cours d'eau, que vous connaissez déjà et qui révèle une richesse industrielle et territoriale que grand nombre de départements nous envieraient, me paraissent ne laisser aucun doute sur l'utilité de la création d'une agence des cours d'eau pour leur conservation et leur amélioration.

Mais, en ce qui concerne spécialement les irrigations, je me suis demandé s'il pouvait être permis d'espérer qu'il se formât quelques entreprises importantes d'irrigations en présence des nombreux intérêts engagés dans les 1014 usines que nous possédons sur nos 187 cours d'eau. A part le meilleur emploi de l'eau comme force motrice, qui pourrait laisser disponible, sur certains cours d'eau, une partie du volume d'eau pour les irrigations, on entrevoit tout d'abord l'obstacle multiplié des droits acquis, représenté, pour la catégorie des usines les moins importantes, par 900 et quelques moulins à blé. De là le doute que, dans ce département, il puisse s'opérer de ces transformations merveilleuses de terres infertiles en riches prairies. Toutefois, les irrigations partielles comme il en existe sur divers points, seraient, il faut le reconnaître, utilement secondées et excitées par un agent spécial.

Vous aurez donc à décider, Messieurs, si, sans créer un état-major, comme vous le disiez dans votre dernière session, qui viendrait grever à toujours votre budget et absorber des ressources qui seraient plus utilement employées ailleurs, il ne serait pas d'un grand intérêt de faire étudier pratiquement les cours d'eau de la Charente, sous le double rapport de leur conservation et de leur amélioration, dans l'intérêt de la salubrité, de l'agriculture et des usines.

Les propositions que m'a transmises M. le garde-mines Roy sont tellement modérées, comparativement à ce qu'il en a coûté dans le Var pour l'étude des cours d'eau, que je n'hésiterais pas, aussitôt que nos ressources le permettraient, à affecter à cet objet 3,500 fr. par an qu'il réclamerait pour ce travail.

Dans le Var, ce travail a coûté 32,000 francs. En supposant qu'il fallût quatre ou cinq ans pour l'accomplir dans la Charente, il n'en coûterait que 14,000 ou 17,500 f., soit à peu près la moitié de ce qu'il en a coûté dans ce département. Rien n'empêcherait, après ce travail fait, de supprimer l'allocation, si nous ne reconnaissions pas l'utilité de la permanence de cet emploi. Vous auriez recueilli, par cette étude, des données qui, en tout cas, seraient utilement consultées par l'administration et par de nombreux intéressés, et qui certainement ne pourraient que produire d'heureux effets.

Si je vous ai entretenus de cette question, c'est que j'avais à cœur de prouver au conseil que je n'ai pas perdu de vue le vœu qu'il avait émis. Je regrette seulement que l'état de nos ressources ne me permette pas de vous faire dès aujourd'hui une proposition formelle pour la création de cette agence. J'espère qu'en principe, le conseil en approuvera la création.

Répartition des Contributions directes.

Les contributions directes ont été réglées, Messieurs, par la loi du 8 de ce mois.

Le contingent du département, dans ces contributions, est fixé, en principal, ainsi qu'il suit :

Foncier............................... 1,818,034 fr.
Personnel et mobilier................ 325,945
Portes et fenêtres................... 181,445

Cependant il faut retrancher du foncier 39 fr. pour propriétés non bâties qui ont cessé d'être imposables, ce qui réduit le contingent énoncé dans la loi, à 1,817,995 fr.

En comparant ces taxes avec celles imposées en 1847, il existe une différence en plus, sur le foncier, de 1,705 fr.; sur le personnel et mobilier, de 492 fr., et sur les portes et fenêtres, de 2,279 fr., attendu que le nombre des maisons nouvellement construites et imposables à cette contribution, a été, pour 1847, de 1,961, et a donné 2,685 ouvertures imposables.

Ces augmentations au profit du trésor, résultent de l'application des lois des 17 août 1835 et 4 août 1844, relatives aux nouvelles constructions et à l'accroissement de la population.

Il doit être ajouté à ce principal, savoir :

Pour les contributions foncière, personnelle et mobilière, 37 c., dont 18 c. sans affectation spéciale, 17 c. pour dépenses ordinaires et fonds commun des départements, et 2 c. pour secours, dégrèvement et non-valeurs.

Pour la contribution des portes et fenêtres, 18 c. $^8/_{10}$, dont 15 c. $^8/_{10}$ sans affectation spéciale et 3 c. pour non-valeurs, remises et modérations.

Il vous est réservé en outre, Messieurs, la faculté d'établir des impositions dont le montant ne doit pas excéder, savoir : 5 c. du principal des contributions foncière et personnelle-mobilière pour les dépenses facultatives d'utilité départementale ; 5 c. du principal de la contribution foncière seulement, pour le cadastre ; 2 c. du principal des quatre contributions, pour l'instruction primaire, et 5 c. du principal des mêmes contributions, pour les chemins vicinaux.

Enfin le département est autorisé à s'imposer extraordinairement, par suite de vos votes successifs, savoir :

Loi du 4 juin 1834, sur les quatre contributions, pour intérêt et amortissement de l'emprunt.. 4 c.

Loi du 5 juin 1846, sur les mêmes contributions, pour complément de cet amortissement et travaux des routes départementales... 4 $^1/_2$

Même loi du 5 juin 1846 sur lesdites contributions, pour travaux d'art des chemins vicinaux de grande communication...... 1 $^1/_2$

Enfin, loi du 9 avril 1847, pour dépenses extraordinaires de l'instruction primaire.. » $^3/_{10}$

TOTAL................... 10 $^3/_{10}$

Je vous ferai mettre sous les yeux tous les renseignements prescrits par la loi du 21 avril 1832, pour vous diriger dans la répartition, entre les arrondissements, des contingents légaux des susdites contributions.

Réclamations.

Il a été remarqué depuis longtemps des irrégularités dans la répartition de l'impôt foncier; les communes savent que vous avez demandé la révision des anciennes bases de répartement, et qu'un travail se poursuit à cet effet; c'est le motif pour lequel elles ne soulèvent aucune réclamation sur cette taxe.

Quant à contribution personnelle et mobilière, la commune de Cognac est la seule qui ait renouvelé sa pétition de l'année dernière.

L'instruction à laquelle elle a donné lieu de la part des divers agents de la direction, démontre encore qu'elle n'est pas fondée. Le conseil d'arrondissement persiste néanmoins dans sa délibération précédente, et pensant qu'il est impossible d'arriver à une sous-répartition exacte entre les communes avant que le travail qui sert actuellement de base soit vérifié, il est d'avis que les documents qui servaient antérieurement au recensement de 1841, soient employés.

L'administration aurait sans doute le droit d'ordonner un nouveau recensement des valeurs locatives ou de faire réviser le travail de 1841; mais elle ne saurait en faire usage, en supposant même que la demande de la commune fût fondée, dans la crainte d'éveiller quelques inquiétudes parmi la population, sans avoir la certitude d'obtenir un meilleur résultat.

En cet état de choses, il ne paraît possible de changer, s'il y a lieu, le contingent de la commune de Cognac, qu'au moyen du rapprochement de divers éléments à recueillir, tels que le nombre des taxes personnelles, la population, le montant des valeurs locatives, le nombre des maisons, les moyennes par habitant, par maison, par imposé, enfin les documents qu'on obtiendra par le travail de la sous-répartition foncière.

Tous ces éléments feront ressortir nécessairement, dès qu'on pourra s'en servir, l'erreur dont se plaint la commune de Cognac, si elle a quelque gravité ; mais, jusque là, il semble difficile de la faire disparaître.

Nouvelle Sous-Répartition foncière.

Les travaux traités du 1er août 1846 au 1er de ce mois, embrassent 98 communes formant six cantons et 86,580 hectares ; il ne reste plus à opérer que dans 64 communes formant cinq cantons et 81,202 hectares.

Ainsi, nous touchons, Messieurs, au moment où vous pourrez user des moyens de faire, entre les arrondissements, une meilleure péréquation de la contribution foncière.

D'après les rapports que je reçois, les agents ont, jusqu'à ce jour, opéré d'une manière satisfaisante sous tous les rapports, et suivi, sur tous les points, les formes prescrites pour la communication de leurs travaux aux assemblées cantonnales. Ces dernières ont, en général, reconnu la proportionnalité des évaluations de commune à commune. Cette première garantie fait présumer que le but est atteint, ce qui sera démontré, je pense, par les comparaisons de canton à canton, qui seront faites par la commission spéciale instituée par l'article 5 de mon arrêté du 9 septembre 1843, qui ordonne ce travail.

L'opération me paraît assez avancée pour provoquer très prochainement, auprès du gouvernement, la nomination des membres de cette commission, qui doit procéder, non-seulement à l'examen des détails, mais encore s'assurer de la valeur des pièces produites et du degré de confiance que méritent les résultats obtenus.

Cadastre.

Les travaux de la partie d'art et ceux relatifs aux expertises, sont constamment l'objet d'une surveillance toute particulière de la part des agents supérieurs de la direction. En 1847, l'arpentage a été porté dans cinq communes du canton de Barbezieux : celles de Guimps, Barret, Lachaise, Lagarde et Saint-Palais-du-Né ; le canton pourra être terminé dans la campagne prochaine.

D'après les prévisions du budget de 1847, les expertises doivent être exécutées dans six communes du canton de Mansle, savoir :

Cellefrouin, La Tâche, Saint-Amant-de-Bonnieure, Saint-Angeau, Sainte-Colombe et Ventouse, et trois dans le canton de Barbezieux, savoir : Barbezieux, Saint-Hilaire et Montchaude.

L'opération est terminée dans le canton de Mansle, et elle sera entreprise, dans celui de Barbezieux, aussitôt après les tournées des mutations ; en sorte que toutes ces communes auront des rôles cadastraux en 1848, et jouiront dès lors d'une meilleure répartition entre les contribuables.

Les pièces cadastrales sont défectueuses dans les cantons de Segonzac et Saint-Claud ; la justice commande de faire disparaître, autant que possible, les irrégularités qui pèsent sur les contribuables de ces cantons. Aussi vous n'hésiterez pas, je pense, à voter, comme pour l'année courante, deux centimes sur le principal de la contribution foncière pour continuer l'opération rectificative que vous avez commencée.

Si vous accueillez ma proposition, les travaux seront portés, en 1848, dans neuf communes du canton de Segonzac, pour la triangulation, comprenant 10,866 hectares et 42,021 parcelles ; dans douze du canton de Barbezieux, ce qui le termine pour l'arpentage, comprenant 10,311 hectares et 38,683 parcelles, et dans cinq du même canton pour le classement des terres ou expertise, formant 8,139 hectares et 29,816 parcelles.

Le budget sera alors formé ainsi qu'il suit :

RECETTES.

Excédant du budget de 1847......................................	158 f.	42 c.
Produit du vote de 2 cent..	36,359	90
Fonds commun (somme égale à celle allouée pour 1847)......	8,000	»
TOTAL DES RECETTES.............	44,518	32

DÉPENSES.

Partie d'Art.

Solde des travaux entrepis en 1847.............................	6,102 f.	47 c.
Travaux à entreprendre en 1848...............................	14,088	81

Expertises.

Solde des travaux entrepris en 1847.............................	1,539	87
Opérations à effectuer en 1848..............................	6,262	90

Travaux extraordinaires.

Sous-répartition foncière...........................	8,000	»
Régularisation de pièces cadastrales par suite de réunions de communes...	600	»
TOTAL DES DÉPENSES..........	36,594	05

BALANCE.

Les recettes sont de............	44,518 f.	32 c.
Les dépenses de...............	36,594	05
Excédant des recettes.........	7,924	27

Vous remarquerez, sans doute, que je ne fais figurer ni en recette ni en dépense les frais des mutations cadastrales ; j'ai pensé qu'il n'y avait pas utilité, par le motif que l'administration supérieure accorde chaque année une allocation spéciale pour ce service particulier.

Je ne dois pas vous laisser ignorer, Messieurs, que le crédit porté au budget de l'état de 1848, à titre de fonds commun des dépenses du cadastre, est exclusivement applicable aux travaux entrepris antérieurement à 1847 et à la constatation des terrains enlevés ou détériorés par les inondations du mois d'octobre dernier. Il est à craindre dès lors que la somme de 8,000 fr., portée en recette par prévision, ne nous sera pas accordée en totalité.

Budget de 1848.

Le projet de budget que je vous présente, Messieurs, pour l'année 1848, contient, comme les années précédentes, une colonne qui a reçu l'indication des allocations accordées au budget précédent, celui qui est en cours d'exécution, et qui fournit ainsi un point de comparaison des dépenses des deux années qui se succèdent. J'ai eu soin de remplir cette colonne très exactement, en me reportant à l'ordonnance royale de règlement du budget de 1847.

La préparation de mon travail n'a pas été sans difficultés résultant inévitablement de l'accroissement successif et obligé de quelques dépenses, lorsque les ressources destinées à y faire face sont, au contraire, dans une progression décroissante.

Je vais vous entretenir successivement des différents articles composant les sous-chapitres, en suivant l'ordre des sections, commençant par les recettes.

Première Section. — *Recettes ordinaires.*

En conformité de la disposition qui termine l'article 21 de

la loi du 19 mai 1838, les fonds libres de chaque section des années antérieures doivent être cumulés avec les ressources du budget nouveau.

1° Fonds libres de 1846, restés sans affectation, conformément au compte-rendu de cet exercice.................. .... 6,068 f. 57 c.

2° Produit de 10 centimes additionnels ordinaires sur les contributions foncière, personnelle et mobilière.... .... 214,396 90 soit 222 fr. 60 c. de plus qu'en 1847, provenant de l'augmentation du principal de ces contributions, ainsi que je vous l'ai déjà expliqué.

3° Part du département dans le premier fonds commun..... 30,000 » somme égale à celle allouée pour l'année courante. Il est à regretter que les observations que vous avez faites, dans votre dernière session, touchant cette faible portion de fonds commun, n'aient pas pu être prises en considération par l'administration supérieure.

4° Produits éventuels ordinaires de 1848, estimés le plus exactement possible :

1° Frais d'expédition, d'anciennes pièces ou d'actes de la préfecture déposés aux archives, ci....... 44 f 50 c.

2° Revenus particuliers de la prison d'Angoulème, provenant du travail des détenus .... 900 »

3° Remboursement d'avance faite par le département pour entretenir dans les prisons départementales des condamnés à plus d'un an, et dont la dépense est à la charge de l'Etat........... .... 4,000 »

Total de l'article 4........... 4,944 » ci. 4,944 50

Total général des recettes ordinaires........ 255,409 97

Ces recettes sont inférieures de 4,246 fr. 65 c. à celles de 1847. Cette différence provient de ce que les fonds libres de 1846 sont moins considérables que ceux de 1845, qui figurent au budget de 1847. Cette situation des recettes et l'augmentation qu'exigent divers services obligatoires, m'ont forcé à reporter sur les centimes facultatifs une partie des dépenses ordinaires. Je n'ai agi de la sorte qu'après le plus scrupuleux examen de tous les articles qui composent la première section, afin de doter d'une manière convenable les divers sous-chapitres dont elle est formée.

DÉPENSES.

SOUS-CHAPITRE I". — *Travaux ordinaires des Bâtiments départementaux.*

Ce sous-chapitre n'a rapport qu'aux grosses réparations et à l'entretien, et ne peut comprendre les constructions neuves, qui appartiennent à la deuxième section.

Réparation à l'Hôtel de la Préfecture.

Cet hôtel est dépourvu de persiennes et de contrevents au premier étage, sur la façade Est ; il en résulte que les boiseries et les tapisseries se détériorent par suite des temps de pluie. Pour remédier, autant que possible, à cet inconvénient, il est utile d'établir des persiennes dont la dépense est évaluée par l'architecte à la somme de 639 fr., que je propose.

Réparation au Tribunal civil de Cognac.

Un devis s'élevant à la somme de 550 fr., constate des réparations indispensables aux bâtiments du tribunal civil de Cognac. Le conseil d'arrondissement reconnaît l'urgence de cette dépense.

Réparation au Tribunal civil de Barbezieux.

MM. les membres de ce tribunal avaient demandé, dès l'année dernière, l'ouverture d'un crédit pour faire effectuer ces réparations. Leur réclamation ne put être admise parce qu'elle n'était pas accompagnée d'un devis régulier. Ils fournissent aujourd'hui l'état de la dépense dressé par un homme de l'art et vérifié par l'architecte du département. Cet état s'élève à 3,650 fr. ; mais il ne m'est permis de proposer cette année que 1,919 fr. 60 c. ; le solde figurera au budget de 1849.

Entretiens des Bâtiments.

Les sommes proposées pour cet entretien ne peuvent guère varier : aussi je porte celles du budget de l'année courante, savoir :

1° Couverture des bâtiments, travaux adjugés, 1,191 f. 30 c.

2° Dépôts des minutes des anciens notaires d'Angoumois... 30 »

3° Hôtel de la préfecture.......................... 2,000 »

4° Tribunaux .... 1,400 »

5° Prisons... 1,600 »

6° Casernes de gendarmerie appartenant au département... 2,500 »

Traitement de l'Architecte du Département.

Une décision ministérielle du 25 juillet 1825 fixe ce traitement à 2,000 fr., sans y comprendre les frais des tournées qu'il fait dans le département.

Le total de ce sous-chapitre est de 14,329 fr. 90 c.

Soit à peu près le même que celui de 1847, car il ne diffère en moins que de 61 fr. 43 c.

SOUS-CHAPITRE II. — Contributions.

Ce sous-chapitre ne nous concerne pas, le département ne possédant aucun immeuble.

SOUS-CHAPITRE III. — *Loyer des Sous-Préfectures.*

La sous-préfecture de Confolens est la seule qui ne soit pas placée dans un bâtiment appartenant au département. Un bail de douze années, à dater du 10 mars 1842, a été passé avec un propriétaire moyennant 800 fr. par an. Ce bail a reçu la sanction royale le 3 juin 1843.

SOUS-CHAPITRE IV. — *Mobilier de l'Hôtel de la Préfecture et des Bureaux des Sous-Préfectures.*

Les allocations successives votées dans les budgets des années précédentes, ont porté la valeur du mobilier de l'hôtel de la préfecture à 40,000 fr., chiffre fixé par l'ordonnance royale du 6 août 1843. Je ne vous propose donc aucune allocation pour achat de nouveaux meubles. Mais divers objets étant hors de service, je vous demande une somme de 400 fr. pour leur renouvellement.

Les états des meubles à réformer et de ceux que cette somme permettra d'acheter, seront mis sous vos yeux.

Je maintiens à l'article 2 de ce sous-chapitre la même allocation de 2,000 fr. pour l'entretien de ce mobilier, c'est-à-dire le 20me de la valeur actuelle, conformément à l'ordonnance réglementaire du 7 août 1841.

Les frais d'entretien des mobiliers des bureaux des sous-préfectures, seront suffisamment couverts par un crédit de 120 fr., formant la même allocation que les années précédentes.

La totalité de ce sous-chapitre s'élèverait donc à 2,570 fr., somme supérieure de 200 fr. au crédit voté pour 1847. Une disposition de l'ordonnance réglementaire du 7 août 1841 exige qu'il soit procédé, pendant chaque session, au récolement du mobilier de la préfecture. Cette opération doit être effectuée par un agent de l'administration des domaines et vérifiée par deux membres du conseil général. Vous voudrez bien faire choix de vos délégués, qui se concerteront avec moi pour cette vérification.

Les meubles réformés et remplacés avec les crédits votés aux budgets de 1845 et 1846, n'ont pu être vendus à défaut de délibérations spéciales du conseil. Je demande que cette formalité, exigée par l'administration supérieure, soit remplie; je remettrai sous vos yeux, à cet effet, les états de ces meubles.

SOUS-CHAPITRE V. — *Casernement de la Gendarmerie.*

Le sous-chapitre 5 concerne le casernement de la gendarmerie.

La dépense, qui est fixée pour l'année courante à 9,295 fr., sera augmentée de 2,300 fr., à l'effet de pourvoir aux loyers des casernes des nouvelles brigades établies dans les cantons de St-Amant-de-Boixe, de Segonzac et de Montembœuf et à l'augmentation des baux des casernes de Châteauneuf et de Champagne-Mouton.

Les conseils d'arrondissement de Barbezieux et de Confolens demandent: le premier, que la caserne de Chalais soit établie dans un local plus approprié à cette destination; et le second, qu'il soit acquis un immeuble pour former un établissement stable, le propriétaire du local actuel voulant le vendre.

Le défaut de ressources ne m'a pas permis, Messieurs, de vous faire, dès cette année, aucune proposition à ce sujet.

SOUS-CHAPITRE VI. — *Prisons.*

Je demande, pour les besoins de ce service, 46,907 fr. 57 c., soit 450 fr. de moins que pour l'année courante. Cette diminution provient de ce que la somme, votée au dernier budget pour faire établir sur quatre roues, la voiture cellulaire à deux roues, n'est plus utile.

La classification des dépenses inscrites à ce sous-chapitre, est maintenue telle qu'elle a été arrêtée pour le budget de 1847.

Comme par le passé, ce sous-chapitre est divisé en cinq articles qui comprennent : 1° les frais d'administration ; 2° les dépenses du régime économique ; 3° les dépenses diverses ; 4° les dépenses des dépôts de sûreté ; 5° les dépenses communes aux diverses prisons.

En moyenne, le nombre des détenus s'est élevé, en 1846, dans toutes les prisons du département, à 145 individus. Il tend à s'accroître d'après les faits constatés pendant le premier semestre de 1847. Aussi j'ai calculé la dépense du régime économique (article 2 du sous-chapitre), sur une population moyenne de 153 prisonniers, ce qui forme 55,845 journées, qui, à 47 c. 27 m., portent la prévision à 26,414 57 c.

Les vêtements, le coucher, le blanchissage
et autres menues dépenses, sont de............. 6,429 »

Ce qui élève le total de l'article à............ 32,843 57

Il sera prélevé sur cette somme, celle de 300 fr., votée l'année dernière pour achat du mobilier de la troisième surveillante de la prison d'Angoulême et pour lequel il n'a pas été ouvert de crédit.

Sous-chapitre VII.— *Cours d'Assises et Tribunaux.*

L'art. 1er de ce sous-chapitre ne prévoit aucune dépense, attendu que les frais d'entretien des bâtiments figurent pour 1400 fr. au sous-chapitre 1er.

La somme de 400 fr., proposée sous l'art. 2, est destinée au paiement du loyer du tribunal de commerce de Cognac.

J'ai maintenu à l'art. 3, le chiffre de 1,050 fr., pour l'entretien du mobilier des tribunaux. Je propose, à l'article 4, 950 f. pour achat de nouveaux meubles destinés aux tribunaux d'Angoulême et de Confolens, suivant les demandes qui ont été faites par les magistrats de ces compagnies. Cette proposition est appuyée du devis de l'architecte du département.

Les allocations proposées pour menues dépenses et frais de parquet des tribunaux et des justices de paix, art. 6 et 7, représentant les abonnements fixés par M. le Ministre de la justice et des cultes, ne sont point susceptibles de variations quant à présent, et doivent dès lors être maintenues dans le budget, la première par 6,610 fr. et la deuxième par 1,675 fr.

Le total de ce sous-chapitre est donc de 10,785 fr., soit 950 fr. de plus que pour 1846.

SOUS-CHAPITRE VIII. — *Corps-de-Garde de la Préfecture.*

La fourniture du chauffage et de l'éclairage de ce corps-de-garde ne permet pas de réduire la somme de 450 fr., demandée ordinairement pour ce service. La quantité de bois et de chandelles à distribuer journellement aux soldats de service, est indiquée par les réglements militaires, qui sont strictement exécutés.

CHAPITRE IX. — *Entretien des Routes départementales.*

L'ensemble du service de toutes les voies de terre, font l'objet d'un rapport particulier de M. l'ingénieur en chef, qui vous a déjà été distribué. Je ne traiterai donc maintenant que la partie de ce service qui est relative aux frais d'entretien des routes départementales.

Vous savez, Messieurs, que le nombre de ces routes, dont le classement a été prononcé par décrets impériaux ou ordonnances royales, est de 10, offrant un développement de

272,248 mètres. 243,763 mètres sont à l'état d'entretien, 1,107 mètres en construction, et 33,378 en lacunes.

La loi du 10 mai 1848 a établi une distinction formelle entre les travaux d'entretien de ces routes et des ouvrages d'art qui en dépendent, et les travaux de construction, de grosses réparations ou de rectification. Les travaux d'entretien proprement dits, peuvent seuls être faits avec les fonds de la première section du budget. Cette règle ne doit être enfreinte sous aucun prétexte.

J'ai établi au budget mes demandes pour chaque route, de manière à les rendre comparables entr'elles, et à faire ressortir les prix moyens de la dépense par mètre.

Suivant les propositions de M. l'ingénieur en chef, les besoins de service exigent la somme de 140,000 fr., dont 134,000 fr. pour l'entretien proprement dit, et 6,000 fr. pour maintenir une viabilité même imparfaite sur quelques parties de rontes non terminées, mais qui sont cependant fréquentées; mais la modicité de nos ressources m'a contraint de réduire ses propositions primitives à 108,150 fr. pour la première dépense, et à 1,425 fr. pour la seconde.

Il est assurément regrettable de ne pouvoir adopter entièment les demandes de ce chef de service; mais vous connaissez déjà le motif impérieux qui m'oblige à restreindre la dépense.

En résumé, le total de cet entretien est fixé à 109,575 fr., chiffre inférieur, de 4,082 fr., à celui de l'année courante. 71,575 fr. figurent à cette première section, et 38,000 fr. à la deuxième ou centimes facultatifs.

La somme demandée sur les centimes ordinaires, est inférieure de 11,641 fr. 01 c. à celle du budget de 1847, et le crédit porté aux centimes facultatifs est supérieur de 9,159 fr. 01 c. à celui dudit budget.

La moyenne de l'entretien, d'après les chiffres ci-dessus, est de 44 cent. 4 mil. par mètre ; elle est de 46 cent. pour l'année courante.

Le crédit que je vous propose à ce sous-chapitre 9, se répartit ainsi :

Frais matériels... 63,300 f.
Quatre conducteurs et un géomètre. 5,175
Frais d'impressions et menues dépenses........................ 1,267
Indemnité proportionnelle aux ingénieurs. 1,833

Somme égale.............................. 71,575

Les travaux s'exécutent par adjudication. Les baux ont été passés, en 1845, pour les années 1846, 1847 et 1848.

Sous-Chapitre x. — *Enfants trouvés ou abandonnés et Orphelins pauvres.*

Les détails de ce sous-chapitre font connaître le montant du tiers des amendes de police correctionnelle, la part laissée à la charge des communes et le contingent à payer par le département. La part des communes est ordinairement d'un cinquième ; il est utile de maintenir cette proportion pour les engager, par des considérations d'économie, à surveiller les expositions pour en restreindre le nombre, et à ne pas favoriser les abus dont on n'a que trop d'exemples.

Le nombre des enfants trouvés et abandonnés s'est élevé, en moyenne : en 1846, à 1,149 ; je présume qu'il sera, en 1848, de 1,200, chiffre qui a servi à établir la prévision de la dépense extérieure, y compris le traitement de l'inspecteur, sur une pension moyenne de 65 fr.

Je ne demande que 520 fr. de plus pour ce service, qu'en 1847.

Il sera prélevé, sur l'ensemble du crédit, une somme de 200 fr. pour la distribution, aux médecins cantonnaux, des mé-

dailles d'encouragement annoncées par mon arrêté qui orga-
nise le service de santé des enfants.

Sous-Chapitre XI. — *Aliénés.*

Ce service comprend la dépense des aliénés à la charge du
département, quel que soit le lieu où ils sont traités. Pour justifier le vote des ressources qui me paraissent nécessaires pour
parer à tous les besoins de l'exercice de 1848, j'ai évalué à
71 le nombre des malades à entretenir, nombre qui existait
réellement dans les divers asiles, au 31 décembre 1846.

La pension moyenne et annuelle, à raison de 366 fr., à cause de l'année
bissextile, forme un total de .... 25,986 f.
A déduire :
1° Ce que les aliénés ou leurs familles peuvent fournir à l'aide de
de leurs propres ressources. ....,....... 346 f. ⎫
2° Le produit présumé des communes du domicile des ⎬ 2,446
aliénés .... 2,100 ⎭
Reste à la charge de la première section................ 23,540
Frais de transport et de nourriture en route des aliénés indigents,
qui appartiennent au département............... 260
Total du sous-chapitre 23,800

Cette allocation, comparée à celle de 1847, présente une
augmentation sensible, soit 3,970 fr. La cause doit en être attribuée au nombre des malades qui, de 61, s'est élevé à 71.

Sous-Chapitre XII. — *Impressions.*

Ce sous-chapitre se compose de deux articles relatifs, l'un
aux frais d'impression et de publication des listes électorales,
l'autre aux simples frais d'impression des budgets et comptes
départementaux. J'ai diminué celui-ci de 200 fr., en me fon-
dant sur les dépenses réelles des exercices précédents. Le chif-

frc total de ce sous-chapitre n'est dès lors que de 4,800 fr , au lieu de 5,000 fr.

Les listes électorales s'étendent, au lieu de se restreindre ; celles qui ont été affichées, le 15 de ce mois, contiennent 5,388 électeurs parlementaires et 189 électeurs départementaux, ensemble 3,577 électeurs, dont le nombre sera nécessairement augmenté par les tableaux de rectification à publier successivement de quinzaine en quinzaine, jusqu'à la clôture définitive des listes de cette année.

Sous-Chapitre XIII. — *Archives du Département.*

Les dépenses des archives du département sont prévues pour la somme de 1,200 fr., comme les années précédentes , savoir :

1º Appointements du conservateur.......................... 1,000 f.
2º Dépouillement extraordinaire des archives, achats de cartons et établissement de tablettes................................   150
3º Frais de vente de papiers de rebut (prévision)..............   50

SOMME ÉGALE............................. 1,200

En vertu du règlement de M. le Ministre de l'intérieur , du 6 mars 1843, j'ai fait déposer sur le bureau , par l'archiviste , l'état actuel du classement des papiers .

Sous-Chapitre XIV. — *Frais de Translation de Route et autres Dépenses ordinaires.*

La somme dépensée, en 1846, pour les divers articles dont se compose ce sous-chapitre, s'est élevée à 4,388 fr. 66 c., et a excédé la prévision de 285 fr. 66 c. Cette situation m'a déterminé à élever la proposition à 4,514 fr., au lieu de 4,200 fr., portée au budget de 1847. L'augmentation a lieu sur l'article des secours et des frais de transport des voyageurs indigents.

Sous-Chapitre xiv. — *Dettes départementales ordinaires, et Complément de Dépenses de même nature.*

La somme de 1,683 fr 50 c. inscrite à ce sous-chapitre, est due, savoir :

1°	780 f.	» c.	A l'ouvrier qui a réparé la couverture de l'hôtel de la préfecture, qui avait été dévastée par un ouragan, le 23 décembre 1846.
2°	410	»	Au même ouvrier, pour un motif semblable, applicable au palais de justice d'Angoulême.
3°	157	50	A l'architecte du département pour ses frais de tournées pendant 1846.
4°	36	»	A M. Guiet, médecin surveillant des enfants trouvés, pour fourniture de médicaments.
5°	150	»	A divers ouvriers, pour travaux d'entretien, en 1845, des bâtiments du tribunal de Confolens.
6°	150	»	A d'autres ouvriers, pour mêmes travaux au mobilier du même tribunal.

TOTAL. 1,683 50 , qui excède de 1,301 fr. 79 c. le chiffre de 1847.

Ces créances sont certaines et justifiées par des mémoires réglés ; le département doit nécessairement les acquitter.

RÉCAPITULATION DES DÉPENSES DE LA PREMIÈRE SECTION.

Chapitre i. Travaux ordinaires des bâtiments	14,329 f.	90 c.
— ii. Contributions	»	»
— iii. Loyer des hôtels de sous-préfectures	800	»
— iv. Mobiliers de la préfecture et des bureaux des sous-préfectures	2,570	»
— v. Casernement de la gendarmerie	11,595	»
— vi. Prisons départementales	46,907	57
— vii. Cour d'assises et tribunaux	10,785	»
— viii. Corps-de-garde de la préfecture	450	»
— ix. Entretien des routes départementales	71,575	»
— x. Enfants trouvés ou abandonnés et orphelins pauvres	60,400	»
A reporter	219,412	47

	Report.........	219,412 f.	47 c.
—	xi. Aliénés..........................	23,800	»
—	xii. Impressions.......	4,800	»
—	xiii. Archives du département........	1,200	»
—	xiv. Frais de translation, de routes et autres...	4,514	»
—	xv. Dettes ordinaires............	1,683	50

Total général des dépenses ordinaires. 255,409 97

DEUXIÈME SECTION. — RECETTES.

Les recettes de cette section comprennent les fonds libres de l'exercice clos, les centimes que vous êtes autorisés à voter et qu'on appelle facultatifs, les subventions des communes ou des particuliers pour travaux neufs de routes ou autres d'utitité départementale, enfin divers produits qui, par leur destination, sont afférents à des dépenses de cette section.

Pour 1841, elles se composeront ainsi, savoir :

Fonds libres de 1846, restés sans affectation, conformément au compte de cet exercice............... . ... 3,370 f. 47 c.

Produit de cinq centimes facultatifs......... .... 107,198 95

Subvention de la commune de Nanteuil pour concourir aux travaux de la route n° 9............... .... 683 »

Produit des rétributions payées par les pharmaciens, les épiciers, les droguistes et les herboristes............ .... 760 »

Ces diverses sommes forment un total de........... 112,012 42

En le comparant à celui de 1847, on reconnaît, en sa faveur, une augmentation de 3,479 fr. 68 c., qui provient des fonds libres de 1846.

Je passe à l'examen des sous-chapitres de ces dépenses.

Sous-chapitre xvi. — *Travaux neufs, grosses Réparations et Acquisitions des Bâtiments départementaux.*

L'art. 1er est relatif à la construction d'une sous-préfecture et d'un palais de justice à Ruffec, dont les travaux se poursuivent. Les crédits ouverts jusqu'à ce jour s'élèvent à 42,787 fr. y compris 19,000 fr. que nous avons obtenus sur le second fonds commun. Je propose la même somme que l'année dernière, soit 14,000 fr., espérant que le gouvernement continuera sa libéralité.

L'art. 2 réclame une allocation de 1,200 fr. pour constructions de servitudes à la sous-préfecture de Cognac. C'est un à-compte, car le devis s'élève à 2,213 fr. 41 c. Le solde figurera au budget prochain. Le conseil d'arrondissement déclare que ces servitudes sont indispensables.

L'article 3, qui est le dernier, prévoit 260 fr. pour les frais d'assurance contre l'incendie des bâtiments départementaux.

Le rapprochement du total de ce sous-chapitre, qui est de 15,460 fr., avec celui de 1847, constate une différence en plus de 1,010 fr.

SOUS-CHAPITRE XVII. — *Travaux des Routes départementales et des Ouvrages d'Art qui en font partie.*

La première section devrait pourvoir à la totalité de l'entretien des routes; s'il en était ainsi, ce sous-chapitre ne comprendrait que des travaux neufs; mais notre situation financière est telle, que j'ai été contraint de transporter à ce sous-chapitre, art. 1, 2 et 3, ainsi que je vous l'ai expliqué en vous entretenant du sous-chapitre 9, une somme de 38,000 f. pour complément de l'entretien.

Les autres articles, au nombre de sept, forment une somme de 5,500 fr., divisée sur trois routes et applicable à des dépenses diverses.

Résumant les propositions, elles s'élèvent à 43,500 fr. et sont supérieures de 5,500 fr. à celles de 1847.

SOUS-CHAPITRE XVIII. — *Subventions aux Communes.*

Vous allouez ordinairement, Messieurs, une subvention de 500 fr. à la caisse d'épargnes d'Angoulême, qui se charge de pourvoir aux frais des succursales de Barbezieux, Confolens,

Ruffec et La Rochefoucauld, je ne vois pas de motifs pour ne pas continuer cette libéralité qui a un but fort utile.

Vous êtes toujours bienveillants en faveur des communes qui ont besoin de secours pour réparer leurs églises, presbytères et autres édifices religieux; j'ai pensé que j'entrerais dans vos vues en reportant sur ce sous-chapitre, et à cet article, la somme de 1,000 fr. que vous accordez depuis deux ans à la caisse de retraites fondée par Mgr l'Evêque dans l'intérêt des desservants âgés et infirmes.

La somme à répartir entre les communes, serait alors de 3,000 fr., affectée, savoir :

Rougnac, réparations à l'église et au presbytère.....................	300 f.
Magnac-Lavalette, construction d'une sacristie.....................	600
Aunac, réparations à l'église	300
Touvérac, *id.* au clocher de l'église.....................	250
Saint-Amant-de-Nouère, réparations à l'église.....................	500
Montmoreau, réparations à l'église.....................	500
Gensac, réparations à l'église.....................	350
Montembœuf, *id.*.....................	250
Somme égale à la proposition.....................	3,000

Le chiffre de ce sous-chapitre est donc de 3,000 fr. au lieu de 2,500 qui figure au budget de 1847. Cette augmentation aura pour résultat, j'espère, de nous faire obtenir des secours considérables de la part du gouvernement.

SOUS-CHAPITRE XIX. — *Encouragements et Secours.*

Les allocations accordées, l'année dernière, pour les différents articles compris à ce sous-chapitre, sous le titre général d'encouragements et secours, s'élevaient à 38,630 fr. Je vous propose de la réduire à 36,780 fr., ce qui fait ressortir une économie de 850 fr. Je vais vous entretenir des crédits que je demande et que vous avez déjà accueillis plusieurs fois en grande partie.

Je maintiens l'allocation de 300 fr. pour l'annuaire du département. Cette publication, qui n'est pas sans utilité, a besoin d'être encouragée.

L'article 2 subit une réduction de 400 fr., par suite du décès de Mme Couillebaud, veuve d'un employé de la préfecture, et de M. Navarre, ancien expéditionnaire, qui recevaient à ces titres des secours de l'administration.

Je propose à l'article 3 la somme habituelle de 500 fr. pour indemnité aux employés qui travaillent extraordinairement pendant la session du conseil général.

Je n'ai pas renouvelé le crédit d'à-compte sur la subvention de 15,000 fr. que vous avez accordée à la caisse de retraite de ces employés, pour le motif que le complément de cette subvention a été voté l'année dernière.

J'ai réduit à 800 fr. la somme accordée au budget courant pour la société d'agriculture. 600 fr. est le chiffre ordinaire dont cette société est dotée, et 200 fr. sont destinés à participer aux frais du congrès agricole de l'ouest, auquel nous sommes associés.

Je maintiens les encouragements à l'agriculture, qui s'élèvent à 9,200 fr., et qui se subdivisent ainsi :

Complément du traitement du professeur qui fait un cours d'agriculture aux élèves du séminaire et de l'école normale primaire.	100 f.
Ecole pratique..	5,000
Comices agricoles...	3,500
Prime pour l'élève des taureaux................................	600
SOMME ÉGALE.......................	9,200

J'agis ainsi avec d'autant plus de confiance, que le cours d'agriculture donne aux élèves qui le fréquentent des principes qu'ils répandront chez les cultivateurs ; que l'école pratique mérite d'être encouragée par les bons résultats qu'elle donne ; que les comices qui s'occupent, répandent des notions favorables aux bonnes méthodes agricoles ; enfin que la race bovine s'améliore par suite des concours de taureaux.

L'article 6 porte toujours 1,080 fr. pour entretien d'élèves aux écoles vétérinaires d'Alfort et de Toulouse.

L'article 7 maintient 2,000 fr. pour encourager, par des primes, l'élève des chevaux. Vous avez aujourd'hui, comme moi, la persuasion que le département est dans des conditions favorables au développement de la race chevaline, cette branche agricole dont les produits sont souvent si avantageux.

Les articles 8, 9, 10 et 11 concernent le cours d'accouchement établi à l'hospice d'Angoulême, l'indemnité pour la propagation de la vaccine, les secours à la société maternelle et autres établissements charitrables. Ils conservent chacun, par les mêmes motifs, les chiffres des années précédentes, montant ensemble à 7,900 fr.

L'article 12, qui a pour objet d'entretenir des élèves aux écoles des arts et métiers d'Angers ou à l'école centrale des arts et manufactures, porte 1,800 fr. par suite de votre décision de l'année dernière, qui alloue 800 fr. au jeune Génevière, qui a été admis à cette dernière école. Ce jeune homme a justifié de vos espérances et des miennes par son application ; car sur 105 élèves de sa division, il a été classé le 28ᵉ, en fin d'année scolaire.

L'article 13, montant à 2,250 fr., est destiné à payer, au collége royal d'Angoulême, les bourses autorisées par l'ordonnance du 9 avril 1843 ; il faut bien les maintenir.

L'article 13 *bis* a pour objet de pourvoir aux frais des recherches nécessaires à la carte géologique du département, dont M. l'ingénieur en chef des mines doit s'occuper incessamment, ainsi qu'il me l'a annoncé.

L'article 14 est élevé à 1,200 fr., soit 200 fr. de plus qu'à l'ordinaire, parce que le nombre des indigents qui réclament la faveur d'aller aux établissements thermaux, est considérable, et qu'il est pénible de ne pouvoir accueillir leurs suppliques.

Je maintiens, à l'article 15, la somme de 1,500 fr. que vous avez votée, l'année dernière, pour payer le traitement, dans l'hospice d'Angoulême, d'indigents attaqués de maladies syphilitiques ou psoriques ; indigents qui se rendent de tous les points du département dans cet établissement hospitalier. Il y a d'autant plus de convenance à maintenir ce chiffre, que la dépense de 1846 a dépassé l'allocation de 276 fr.

Il est dans vos habitudes d'accorder :

1° 2,000 fr. pour l'entretien de quatre sourds-muets à l'institution royale de Bordeaux ;

2° 1,000 fr. pour la conservation de monuments historiques et les recherches de monuments antiques ;

3° 300 fr. pour entretien de deux enfants trouvés à la colonie agricole de St-Antoine.

Je vous propose les mêmes sommes pour 1848, sans expliquer de motifs, ces allocations se justifiant d'elles-mêmes.

L'article 19 porte, comme d'usage, 300 fr. pour la colonie de Mettray. Les heureux résultats obtenus par les fondateurs philanthropes de cet établissement, vous détermineront sans doute à continuer ce bienfait.

L'article 20 demande 2,000 fr. pour secourir les hospices qui admettent les malades indigents des communes pauvres ; vous maintiendrez cette allocation, que l'humanité recommande.

Vous avez inscrit d'office, au budget de 1847, une somme de 300 fr. pour encourager l'auteur de la *Statistique monumentale de la Charente* ; je maintiens le même chiffre à l'article 21.

L'établissement dirigé, à St-Ausone d'Angoulême, par les Dames de la Croix-de-St-André, rend des services trop importants à la classe pauvre, pour que vous refusiez le secours de 300 fr., que vous votez depuis plusieurs années, et qui fait l'objet de l'article 22.

La réunion à Angoulême du congrès archéologique, rend indispensable le crédit de 500 fr. que vous accordez à la So-

ciété qui s'est formée au chef-lieu du département, dans le but
de répandre des idées de conservation, et qui est composée
d'hommes les plus compétents.

Enfin, Messieurs, j'ai ouvert un nouvel article à ce sous-
chapitre, sous le titre de subvention à la société d'adoption des
enfants trouvés, établie au Meuil-S'-Firmin, et pour la somme
de 150 fr. seulement. Le but de cette association, qui est pré-
sidée par M. le comte Molé, est d'organiser des colonies agricoles où les enfants trouvés seront recueillis et formés aux
travaux de la campagne. Vous voudrez donner, Messieurs, un
témoignage de sympathie à cette bonne œuvre.

SOUS-CHAPITRE XX. — *Cultes.*

Je ne fais aucune proposition à ce sous-chapitre, ayant re-
porté au sous-chapitre XVIII, article 2, secours aux communes
pour réparer leurs édifices religieux, la somme de 1,000 fr.
qui figure au budget de 1847.

SOUS-CHAPITRE XXI. —*Secours pour remédier à la Mendicité.*

Je demande, pour les services de ce sous-chapitre, la même
somme qu'en 1847, soit 8,700 fr., dont 1,000 fr. pour le dépôt
de mendicité provisoirement établi à l'hospice d'Angoulême ,
et 7,200 fr. pour secours en aliments dans le cas d'extrême
misère. Ce dernier crédit est d'une utilité indispensable, car,
quoique la cherté des subsistances ait cessé, il reste encore
bien des misères à soulager, et il est de toute convenance que
l'administration puisse y coopérer.

SOUS-CHAPITRE XXII. — *Dépenses diverses.*

Les quatre premiers articles de ce sous-chapitre présentent

les mêmes chiffres que ceux de 1847, soit en total 1,900 fr.

L'article 5, relatif aux frais d'inspection des pharmacies, des boutiques et magasins d'épicerie, est augmenté de 800 fr., ce qui le porte à 2,260 fr., attendu que le crédit de l'année courante a été insuffisant pour couvrir la dépense.

L'article 6, frais d'illumination des édifices départementaux les jours de fêtes publiques, est le même.

L'article 7 est porté de 200 fr. à 300 fr., attendu que les frais d'expertise et de vérification des voitures publiques de l'année courante, ont déjà atteint l'allocation.

Enfin j'ai conservé en réserve, pour dépenses imprévues, la somme de 346 fr. 42 c., qui me paraît nécessaire pour pourvoir, en cas de besoin, à l'insuffisance des autres articles.

La comparaison du total de ce sous-chapitre avec celui de 1847, donne une augmentation de 1,087 fr. 47 c., que j'ai motivée ci-dessus.

SOUS-CHAPITRE XXIV. — *Dettes départementales extraordinaires.*

Notre dette figurant à ce sous-chapitre, n'est que de 316 fr.; elle était de 1,535 fr. 06 c. pour 1847, différence en moins 1,219 fr. 06 c. Elle forme deux articles seulement : 1° solde des frais d'illumination de l'hôtel de la préfecture, les jours de fêtes publiques, 40 fr. ; le passage, par Angoulême, de plusieurs princes a rendu insuffisant le crédit de 300 fr. alloué pour cet objet au budget de 1846 ;

2° Solde des frais d'admission, en 1846, à l'hospice d'Angoulême, de malades attaqués de syphilis ou de gale. La dépense s'est élevée à 1,276 fr., le crédit n'était que de 1,000 fr., somme due et proposée, 276 fr.

RÉCAPITULATION DE LA DEUXIÈME SECTION.

Sous-Chapitre XVI. Edifices départementaux.....	15,460 f.	» c.
— XVII. Routes départementales	43,500	»
— XVIII. Subventions aux communes..	3,500	»
— XIX. Encouragements et secours.........	37,780	»
— XX. Cultes...............	»	»
— XXI. Mendicité......	8,200	»
— XXII. Dépenses diverses................	5,256	42
— XXIII. Dettes départementales extraordinaires ....,............ ...	316	»
Total égal aux recettes..	112,012	42

TROISIÈME SECTION. — RECETTES EXTRAORDINAIRES.

La recette se compose seulement du produit des 10 c. autorisés par les lois des 4 juin 1834 et 5 juin 1846, attendu qu'il n'existe pas de fonds libres de l'exercice 1846. Ce produit s'élève à **253,435 fr. 11 c.**, savoir :

Loi du 4 juin 1834 (4 centimes).............	101,374 f.	04 c.
Loi du 5 juin 1836 (4 $\frac{1}{2}$ centimes).	114,045	80
Même loi (1 $\frac{1}{2}$ centime).	38,015	27
Somme égale..............	253,435	11

Cette section, consacrée à l'emploi du produit de ces centimes, est partagée en deux sous-chapitres, **XXIV** et **XXV**. J'ai eu soin de n'y comprendre que les dépenses dotées par les lois ci-dessus, et de conserver leur spécialité.

Après avoir couvert les intérêts de l'emprunt, qui s'élève à.....	23,275 f.
Et l'annuité remboursable le 1er juillet 1848, soit............. ..	135,000
Total.................. ....:....	158,275

Il reste 57,144 fr. 84 c. applicables aux travaux neufs des routes départementales. J'en ai fait la distribution de la manière suivante, après m'être concerté avec M. l'ingénieur en chef :

1° Route n° 1, d'Angoulême à Larochechalais............ 23,244 f. 84 c.

2° Route n° 5, de Ruffec à Jarnac...................... 9,000 »

3° Route n° 7, de Barbezieux à Chalais.......... .. .. 5,000 »

4° Route n° 8, de Mansle à Séreilhac. .... 5,000 »

5° Route n° 9, de Confolens à Ruffec..................... 5,000 »

6° Route n° 10, de Poitiers à Ruffec par Civray.......... ... 7,700 »

7° Réserve pour dépenses diverses............. .... 2,200 ▸

SOMME ÉGALE 57,144 84

J'ai dû avoir égard, dans ma distribution, aux travaux en cours d'exécution et à ceux qui pourront être entrepris pendant la campagne de 1848.

Le produit du centime et demi, qui est de 38,015 fr. 27 c., est affecté, comme la loi le veut, aux travaux d'art des chemins vicinaux de grande communication.

La comparaison des ressources de 1848 avec celles de 1847, donne une différence de 5,098 fr. 78 c. au préjudice du budget que nous formons. Elle provient de ce que le compte de 1846 ne présente pas de fonds libres, tandis que celui de 1845 donnait 5,484 fr. 09 c.

QUATRIÈME SECTION. — CHEMINS VICINAUX.

Les ressources de cette section se composent :

1° Des fonds libres de 1846, restés sans affectation, conformément au compte............. .... 163 fr. 26 c.

2° Produit des cinq centimes spéciaux dont je vous propose le vote 126,217 55

3° Contingents communaux, souscriptions particulières, et par aperçu, prestations en nature à convertir en argent. 110,900 »

4° Excédant sur les contingents de 1846, recouvrés mais non ordonnancés................................. 582 39

TOTAL... .... 238,363 20

Qui ne diffère, en moins, que de 81 fr. 36 c., de celui de 1847.

Les dépenses se composent, suivant les indications des sous-chapitres 26 et 27 :

1° Du traitement du personnel des agents-voyers, montant à.......... ....….. ....• ……... 33,400 fr. » c.

2° Des frais de bureau de l'agent-voyer en chef……... 500 »

3° De la réserve pour frais d'impressions et dépenses diverses…....................…... ... .…. 500 »

4° Des frais d'entretien et de travaux neufs des chemins, portés à. ..…... ....….... ....… ....………... 203,963 20

Somme égale aux ressources…... ....… 238,363 20

Il est entendu que les prestations à payer en nature ne font pas partie de ces prévisions.

Je me résume, Messieurs, en vous annonçant que la totalité de nos recettes s'élève, d'après mes prévisions, à la somme de 859,220 fr. 70 c., chiffre inférieur de 5,950 fr. 11 c. à celui de 1847 ; j'ai donné, à chaque section, des explications sur cette différence.

Je ne crois pas inutile, Messieurs, de vous répéter, après avoir passé le budget en revue, que les lois qui autorisent des impositions extraordinaires, ne font qu'accorder une simple faculté ; et qu'il est ensuite nécessaire que, dans chaque session, vous déclariez qu'il est dans votre intention d'user de cette faculté.

Vous aurez donc à faire connaître vos vœux au sujet des trois taxes extraordinaires qui grèvent le département et dont l'utilité me parait démontrée.

Colonie agricole de Mettray.

Vous reconnaîtrez, par les rapports de la colonie agricole de Mettray, qui vous passeront sous les yeux, que cette institution a réalisé tout le bien que le pays avait le droit d'en attendre, et vous lui donnerez un témoignage d'intérêt en votant les 300 fr. portés à cet effet à votre budget de 1848.

Colonie de Mesnil-Saint-Firmin.

Et après vous avoir demandé ce vote, je ne craindrai pas d'en réclamer un nouveau en faveur de la colonie de Mesnil-Saint-Firmin, pour laquelle j'ai également ajouté 150 fr. au chapitre des encouragements.

Messieurs, de pareilles institutions ont une portée immense, et cependant elles ne peuvent se soutenir et prospérer qu'à l'aide des ressources qui leur sont fournies, et par la charité privée.

J'ai la confiance que vous voudrez aussi contribuer à leur succès, et que ce ne sera pas en vain que leurs généreux fondateurs auront fait appel à vos bienveillantes sympathies pour tout ce qui est bon et utile.

Opérations de l'Appel de la Classe de Recrutement de 1846.

Contingent.

Le nombre des jeunes gens inscrits sur les tableaux de recensement des communes des cinq arrondissements du département, a été de 3,121, déduction faite des radiations opérées par le Conseil de révision, et le chiffre du contingent à fournir, de 813 hommes, suivant le détail ci-après :

ARRONDISSEMENTS.	NOMBRE d'inscrits aux tableaux de recensement.	CONTINGENT à fournir.
Angoulême....	1,106	288
Barbezieux........................ ..	435	114
Cognac...........	423	110
Confolens...........	614	160
Ruffec................	543	141
TOTAUX ÉGAUX..................	3,121	813

Ce contingent de 813 hommes a été fourni en entier par les 29 cantons du département, chacun pour sa part contributive, en raison du nombre de jeunes gens ayant participé au tirage.

Remplaçants.

Le nombre des remplaçants admis par le conseil de révision est, jusqu'à ce jour, de 132; ce nombre se subdivise entre les arrondissements ainsi qu'il suit :

	Angoulème.........................	41
Remplaçants fournis par des	Barbezieux......................	15
jeunes soldats des arrondisse-	Cognac...........................	36
ments de...........................	Confolens........................	17
	Ruffec............................	23
	TOTAL ÉGAL..............	132

Ce nombre de 132 remplaçants est un peu plus de la moitié de ceux ordinairement reçus pour une classe.

Instruction des Jeunes Gens de la Classe.

Le degré d'instruction des jeunes gens qui ont concouru au tirage au sort, est indiqué dans le tableau suivant, tant d'après les renseignements fournis par les Maires, que suivant la déclaration faite par chacun des jeunes gens au moment du tirage.

ARRONDISSEMENTS.	Sachant lire.	Sachant lire et écrire.	Ne sachant ni lire ni écrire.	Dont on n'a pu vérifier l'instruction.	TOTAL.
Angoulème...........	2	621	460	23	1106
Barbezieux.........	6	186	242	1	435
Cognac.............	3	300	102	18	423
Confolens..........	2	130	480	2	614
Ruffec.............	2	317	218	6	543
TOTAUX.........	15	1554	1502	50	3121

Il résulte du tableau qui précède, que le degré d'instruction des jeunes gens de la classe de 1846 est, proportion gardée, à peu près le même que celui de la classe antérieure. La légère différence qui existe n'est pas en faveur du progrès. Les cantons en retard sous le rapport de l'instruction, sont généralement les mêmes pour ces deux classes, comme ils l'ont été pour les classes précédentes.

Exemptions diverses.

Le nombre des jeunes gens examinés devant le conseil de révision, et qui ont été exemptés, à divers titres, par décision de ce conseil, est de..   975

Celui des jeunes gens qui ont été appelés à former le contingent, de   813

Celui des jeunes gens libérés par leurs numéros, de..... 1,333

Total égal au nombre des jeunes gens portés sur les tableaux de recensement................ 3,121

Les quantités portées ci-dessus se décomposent par arrondissement, ainsi qu'il est indiqué au tableau suivant :

ARRONDISSEMENTS.	EXEMPTÉS POUR			Totaux des exemptés.	Compris dans le contingent.	Libérés par leurs numéros.	Totaux des inscrits aux tableaux de recensement.
	défaut de taille.	infirmités.	toute autre cause légale				
Angoulême..	43	199	83	325	288	493	1106
Barbezieux..	27	70	29	126	114	195	435
Cognac.......	12	45	17	74	110	239	423
Confolens....	84	145	71	300	160	154	614
Ruffec........	27	85	38	150	141	252	543
TOTAUX....	193	544	238	975	813	1333	3121

Le conseil de révision, dans l'intérêt de la population comme dans celui de l'armée, a persisté dans sa sévérité pour l'admission des jeunes gens de la classe de 1846 dans le contingent, écartant avec soin tous les individus qui n'étaient pas propres à faire un bon service militaire.

On remarquera, à cette occasion, que le petit nombre d'exemptions prononcées pour infirmités, témoigne hautement de la supériorité, quant à la constitution physique des jeunes gens de la classe de 1846, sur beaucoup de celles qui l'ont précédée.

La taille moyenne des jeunes soldats de la classe de 1846 est de 1 mètre 638 millimètres, exactement la même que celle de la classe de 1845.

Déduits ou Dispensés.

Le nombre des jeunes gens appelés à faire partie du contingent, mais qui en ont été déduits en vertu de l'article 14 de la loi, est de......... .. 55

Comme étant déjà liés au service en vertu d'un engagement..... 27
Comme étant déjà liés au service en vertu d'un brevet............ 1
Comme inscrits marins. .... 14 } 55
Comme membres de l'instruction publique..... 11
Comme élèves ecclésiastiques....·...................... 2

Le tableau suivant fait connaître à quels arrondissements appartiennent ces jeunes gens :

ARRONDISSEMENTS.	DISPENSÉS COMME					TOTAUX des dispensés.
	Engagés volontaires.	Officiers.	Inscrits marins.	Membres de l'instruction publique.	Élèves ecclésiastiques.	
Angoulême...........	18	1	2	3	»	24
Barbezieux........ ..	»	»	»	1	»	1
Cognac.............	1	»	11	1	»	13
Confolens...........	5	»	»	3	2	10
Ruffec.............	3	»	1	3	»	7
Totaux.........	27	1	14	11	2	55

Mutilés volontaires.

Deux jeunes gens, l'un du canton de La Rochefoucauld, l'autre de celui de Chabanais, ont été déférés aux tribunaux comme soupçonnés de s'être volontairement rendus impropres au service militaire, d'une manière permanente. Le tribunal d'Angoulême a prononcé l'acquittement du jeune homme du canton de La Rochefoucauld, et le tribunal de Confolens a condamné à un mois de prison le jeune soldat du canton de Chabanais.

Manœuvres frauduleuses.

On a découvert que parmi les pièces produites pour un remplaçant admis, un certificat de domicile contenait des énonciations inexactes. Cette irrégularité a été dénoncée à la justice ; on attend l'issue de cette affaire.

Soutiens de Familles.

Dans sa séance de clôture du 30 juin 1847, le conseil de révision a opéré le classement par ordre de mérite des jeunes gens compris dans le contingent, qui sollicitent la faveur d'être maintenus dans leurs foyers comme indispensables soutiens de leurs familles.

Sur 28 de ces demandes qui avaient été présentées, le conseil en a écarté 4, formées par des jeunes gens dont la position n'a pas paru offrir un intérêt suffisant pour les faire considérer comme soutiens indispensables de leurs familles. Les 24 autres demandes, classées par ordre de mérite, appartiennent, savoir :

A l'arrondissement d'Angoulême.... 9
A celui de Barbezieux............. 1
A celui de Cognac.. 5
A celui de Confolens..... 4
A celui de Ruffec.................. 5

ÉGAL... 24

Conformément aux dispositions arrêtées par M. le Ministre de la guerre, ces jeunes gens seront laissés dans leurs foyers, dans la proportion de deux pour cent du contingent.

Ensemble des Opérations.

Les diverses opérations du recrutement ont continué, cette année, comme les précédentes, à s'effectuer facilement dans le département de la Charente. Les jeunes gens exactement convoqués s'y sont généralement prêtés avec une bonne volonté qui témoigne de nouveau des sentiments d'ordre et de soumission aux lois qui animent les habitants de la Charente.

———

Je dépose sur le bureau plusieurs brochures et autres documents dont il est fait hommage au conseil.

Je mets aussi sous ses yeux un état présentant la situation de la caisse d'épargnes des instituteurs communaux au 31 décembre dernier, les comptes de non-valeurs de 1845, les comptes définitifs de la comptabilité départementale pour 1846, et le compte d'emploi de la partie des frais d'abonnement affectée au personnel des bureaux de la préfecture.

Le conseil n'oubliera pas que, conformément à la loi du mois d'avril 1831, il doit fixer la valeur de la journée de travail, qui sert de base à la contribution personnelle; il voudra bien, enfin, dresser pour chaque arrondissement, aux termes de la loi du 18 juillet 1833, la liste des citoyens qui devront être appelés à former, le cas échéant, les jurys spéciaux.

Je ne terminerai pas cet exposé sans mentionner l'absence regrettable de celui de vos collègues que vous avez honoré, quinze années consécutives, de la présidence de cette assemblée. Il y a dans ce fait unique, Messieurs, tout un éloge que des commentaires ne pourraient qu'affaiblir. Il ne me reste, pour répondre au désir de celui qui en fut l'objet, qu'à me rendre aujourd'hui, auprès de vous, l'interprète de ses sentiments d'affection et de gratitude inaltérables.

Quant au membre qui l'a remplacé dans ce conseil, si un esprit droit et éclairé, si l'habitude des affaires, si des services journellement rendus à la première cité du département, ont fait pencher en sa faveur la balance électorale, ce sont là aussi des garanties qui vous donnent la mesure du dévouement que votre nouveau collègue apportera dans l'accomplissement de la mission qui lui a été confiée.

Il me reste un vœu à former, Messieurs, et j'ai la confiance qu'il se réalisera; car si, d'un côté, le même dévouement pour les intérêts du département nous anime, de l'autre, la sanction de vos suffrages et l'appui de votre bienveillant concours ne m'ont encore jamais manqué : puissent nos efforts communs, en jetant, dès cette session, les bases de notre asile d'aliénés, assurer ainsi à la génération présente, comme à celle à venir, le bienfait de l'une de ces institutions dont le caractère de ~~bienfaisance~~ atteste la sollicitude de l'administration et les progrès du temps !

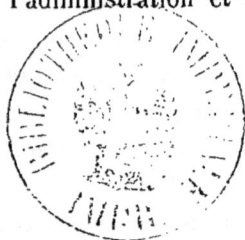

www.ingramcontent.com/pod-product-compliance
Lightning Source LLC
Chambersburg PA
CBHW070854280326
41934CB00008B/1433